世界最悪の紛争「コンゴ」

—平和以外に何でもある国—

米川正子

創成社新書
42

はじめに

この本を書くきっかけは、コンゴ民主共和国（旧ザイール共和国：以下コンゴと略す）[1]での現実と、現地での活動を通じて感じたことを頭で整理し、共有したかったからである。また、紛争の解決法や人道支援の介入方法についても、もっと深く考えたいと思った。

2007年から1年半にわたって、コンゴ東部のゴマという地方都市で、国連難民高等弁務官事務所（UNHCR）の所長として勤務した。それ以前も、アフリカ中部「大湖地域」[2]周辺の現場で通算10年間人道支援に携わり、大学院でもコンゴ東部の紛争について研究した。ゴマでの勤務後に、国際協力機構（JICA）においてアフリカの平和構築[3]に関わったのは、ソフトパワーが得意なJICAの介入によって、コンゴ人に問題解決能力やオーナーシップを培ってもらい、現地で紛争予防の種を少しでもまくことができればと思ったからである。

1990年代にルワンダ虐殺の飛び火を受け、1996年と1998年の二度にわたる戦争があったコンゴ東部。1998年からの10年間に、暴力、病気、飢えなどによるコンゴ東部の死者数は実に540万人にのぼる。これは、第2次世界大戦後の世界において一地域の犠牲者数としては、最大の規模となっている。それまでの最大数は、朝鮮戦争が生み出した500万人であり、その記録を上回ったことになる。コンゴ東部紛争は、周辺国など最低19カ国が関与したため「第1次アフリカ大戦」とも呼ばれ、さらにはアメリカや中国も介入していたため大規模な戦争となった。

コンゴ東部紛争は2003年に「正式」に終了したといわれる。しかし、現在もまだコンゴ政府軍や武装勢力による、暴行、強奪、性的暴力、徴収、徴用、誘拐、焼き討ちといった不安定な状態が続いている。私はこの世界最悪の紛争の中心地で活動していたのだが、この悲惨な事実を日本をはじめ国際社会があまりにも知らなすぎること、かつ無関心であることにショックを受けた。コンゴ東部の悲劇がわれわれの生活と無関係でないにもかかわらずだ。

もちろん、紛争をこの世から完全になくすことはできない。たとえば、南アフリカ（以下、南アと略す）のアパルトヘイトやアメリカの人種差別に対して、抑圧された人々が紛争を避けて何もすべきでなかったとはいえない。紛争は社会変革に役立つ場合もある。しかし、一般市民が犠牲者として巻き込まれる暴力、そして、武力紛争は止めるべきである。でもどうやってそれを実現し、そして人道支援者として武力紛争の解決のために何ができるのか。また、そもそもなぜコンゴ東部紛争が長期化し、なぜ誰も暴力を止められないのか。自分自身を含めさまざまな人に、何度もこの問いかけをぶつけた。

いろいろと考えているうちに、過去の経験から、「長期の人道支援が逆に人をだめにしているのではないか」との疑いをもつようになった。紛争当時国は、国連やNGOといった人道支援機関に頼るため、紛争解決のために不可欠なイニシアティブやオーナーシップをもつことができない。したがって平和も持続しないのである。問題への対応能力を政府や市民にもってもらうために、紛争後は人道支援の期間をできるだけ短縮し、並行して、できるだけ早い段階でキャパシティ・ディベロップメント(4)を含む開発援助を積極的に進めるべきだ。さらに、紛争解決を目指すことなくただ人道支援で「手当」し続けたり武力で対抗すると、紛争再燃の可能性が高くなる。仲介や対話といった政治的手法を使って紛争解決を進めることに最大限の努力を払うことこそ紛争への適切な対応であり、費用対効果も高く平和状態が持続されるということを、現場での経験と学問を通して確認できた。

しかし、この紛争原因への対応、政治的解決法と能力開発といった理想のプロセスは、残念ながらコンゴ東部でほとんど通用しない。最初は利権に絡む政治的意志の問題だと思っていたのだが、実は紛争の裏に「隠されたアジェンダ（目的）」があることに後々気がついた。国際政治の複雑さや人間の貪欲さとエゴに直面すればするほど、気持ちが落ち込み、次第に恐怖と怒りを覚えた。

この本では、ゴマでの人道支援の経験や教訓を通じて、長期化したコンゴ東部紛争の背景、国内避難民と難民（以下この2つを合わせたものを（避）難民と略す）の状況課題、人権侵害や避難民キャンプの軍事化の問題、紛争解決のための人道支援のあり方や紛争の原因への対処方法などを記している。また、人道支援機関の活動が避難民の役に立っている例として、反政府勢力との交渉も掲載した。しかし、ゴマでの経験がアフリカ大陸の人道支援のすべてを代表しているわけではなく、数多くあるアフリカでの人道支援の一例として捉えていただきたい。あとがきでは、私がゴマを去った2008年後半からの1年間の政情を分析し、全文でも2009年8月までの情報が含まれている。

なお、この本に書かれた内容はUNHCRの代表的な意見ではなく、あくまでも私個人の見解であることをご理解いただきたい。もう1つの注意事項は、本書は新書であるため本文中で参考文献を示すことを省略した。本書で述べたすべては参考文献や筆者の聞きとり調査に基づいている。詳しくは巻末の参考文献を参照していただきたい。

この本が、コンゴ東部紛争への理解を高め、人道支援のあり方や紛争予防を考えるきっかけになることを願う。オーストラリアに難民として移住した友人のハリエットの家族が将来安心してコンゴに帰ることができるように。そして、戦争に疲れきったコンゴ人が、人間らしく生きることができるように。

この本の監修をしてくださった西川芳昭先生と創成社出版部の西田徹氏には大変お世話になり、感謝している。初作にあたって、西田氏は最後まで辛抱強く、そして丁寧につき合って下さった。また、いつも合理的なアドバイスや励ましの言葉をかけ、「コンゴ東部紛争キャンペーン」に協力してくれている舩田クラーセンさやか氏、そして私の気まぐれな生き方を応援してくれている家族にも心からお礼を申し上げたい。さらにゴマでの勤務中、UNHCRのプロフェッショナルな同僚に恵まれて、大変幸運だったと思っている。最後に、いろんな情報やアイデアを共有してくれたコンゴ人の友人、同僚や（避）難民と出会えていなかったら、この本を書くことはできなかった。彼ら1人ひとりに感謝を申し上げたい。

なお、コンゴ東部での人権問題に関する啓蒙を強化するため、本の印税の一部を人権団体ヒューマン・ライツ・ウオッチ（ＨＲＷ）東京事務所に寄付する予定である。ゴマでの勤務中、現地のＨＲＷ職員に刺激されいろいろと学ばされた。リスクをとりながら弱者のために人権尊重を訴え続けるＨＲＷを今後も引き続き支援したいと思う。

註

（1）１９６０年の独立後、国名は四度変更された。１９６４年まではコンゴ共和国、１９７１年まではコンゴ民主共和国、１９９７年まではザイール共和国、その後、コンゴ民主共和国に戻った。この本では年代にかかわらず、国名をコンゴに統一して使用する。

（2）アフリカ大湖地域は、大地溝帯グレート・リフト・バレーの複数の湖を囲む国々、コンゴ民主共和国、ウガンダ、ルワンダ、ブルンジとタンザニアを指す。

（3）紛争の再発を防ぐため、平和を強化・定着する行為。

（4）国連開発計画は、キャパシティ・ディベロップメントを「個人、組織、制度や社会が、個別にあるいは集合的にその役割を果たすことを通じて、問題を解決し、また目標を設定してそれを達成していく〝能力〟（問題対処能力）の開発プロセス」と定義している。

目次

コンゴ民主共和国

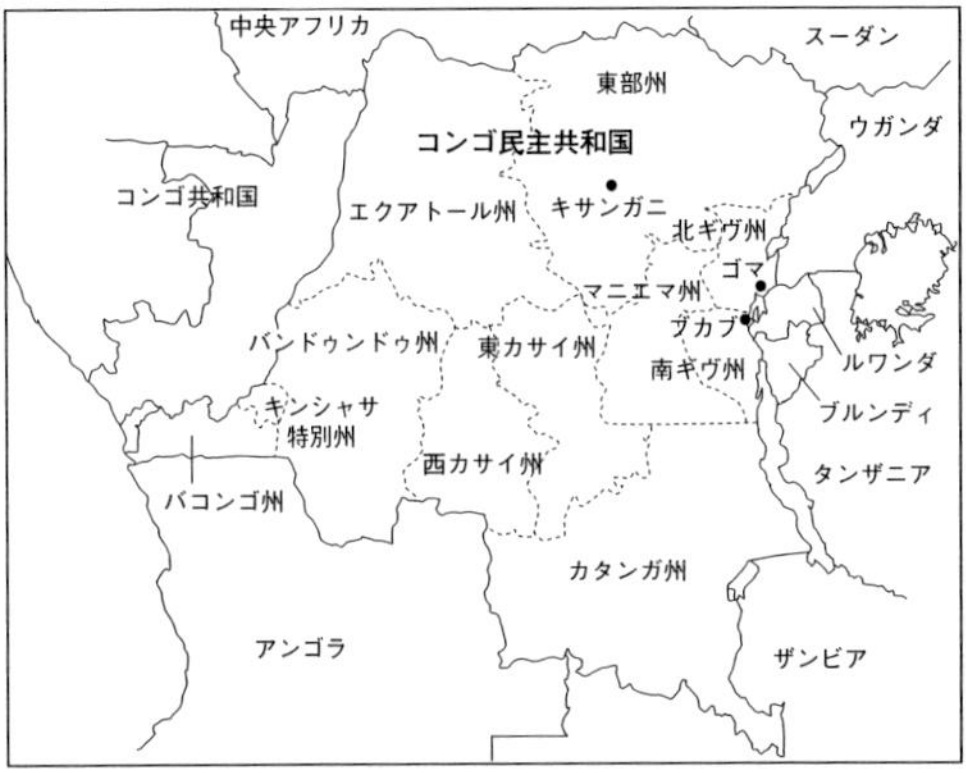

出所：武内進一編『戦争と平和の間─紛争勃発後のアフリカと国際社会─』アジア経済研究所，2008年。

アフリカ大湖地域

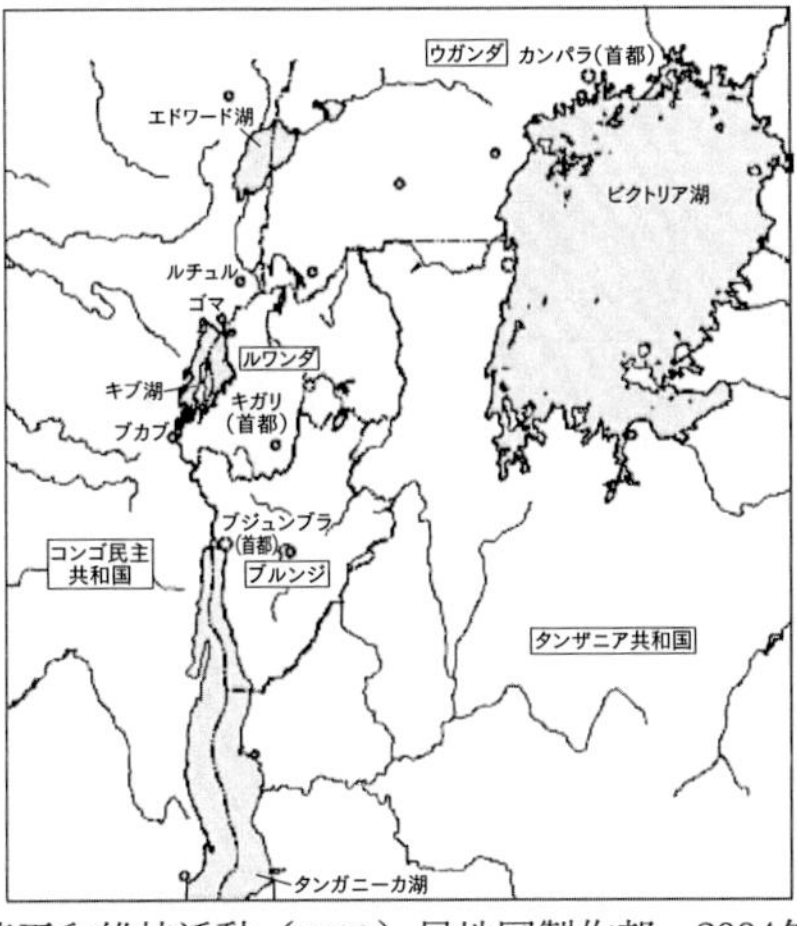

出所：国連平和維持活動（PKO）局地図製作部，2004年1月。

コンゴ東部紛争の関係者の相関図（2009年10月現在）①

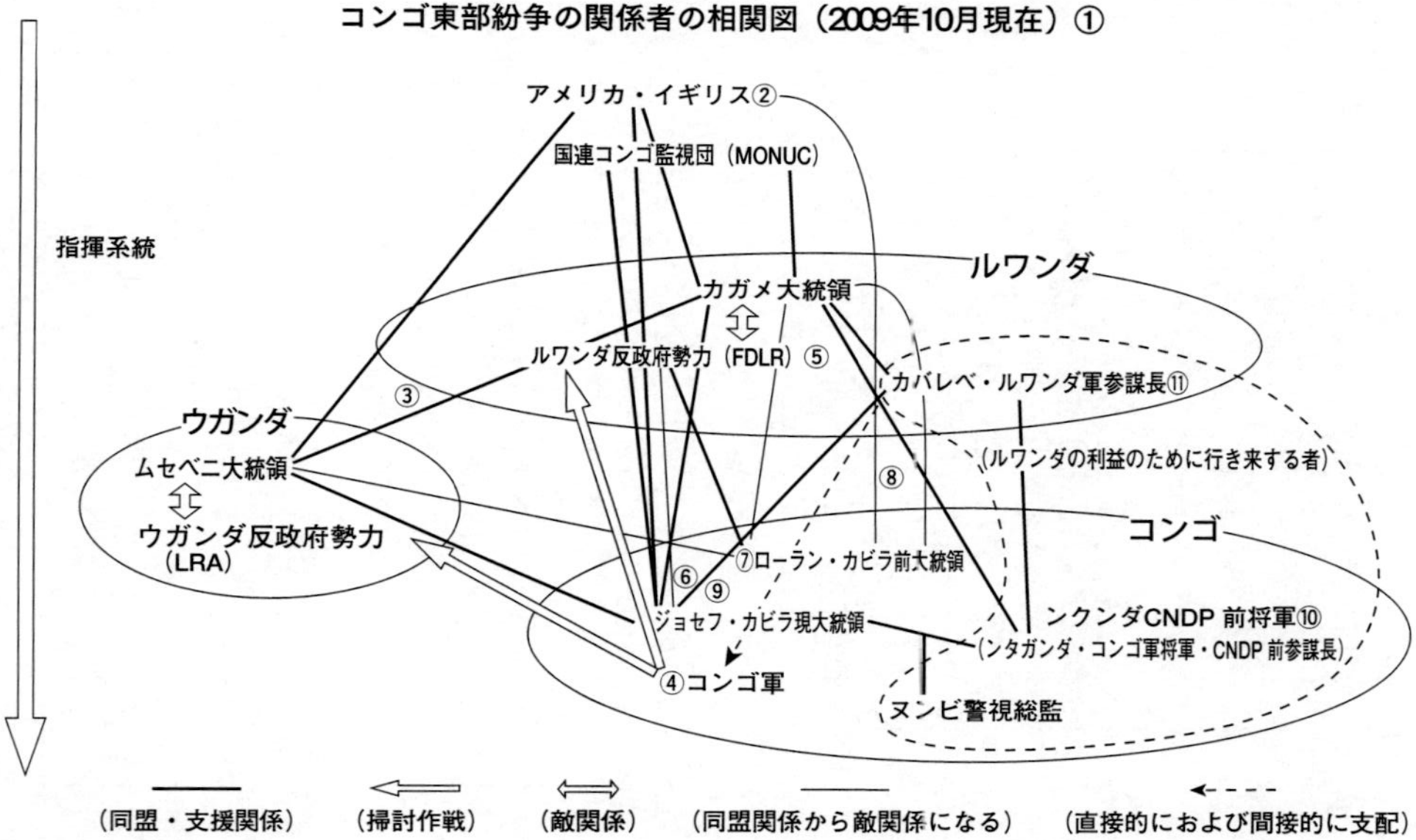

出所：筆者作成。

① 関係者が多数でお互いの関係が複雑であるため，この図では簡略化した。例えば，ルイ・ミシェル欧州委員会開発，人道援助担当委員（元ベルギー外相）。彼はカガメとJ. カビラ両大統領と仲がよく，コンゴ紛争の有力影響者である。

② 2006年のコンゴ大統領選挙前の2004年以降，アメリカとイギリスはカガメ大統領への支援を強化し，ムセベニ大統領への支援を徐々に減少させた。ウガンダから支持を受けていたコンゴのベンバ副大統領（当時）より，カガメ大統領の傀儡であるカビラが大統領にふさわしいと両国が考えていたからである。ブレア・イギリス前首相は現在，カガメ大統領のアドバイサーを務める（P.167，P.212を参照）。

③ カガメ大統領が難民としてウガンダに滞在中ムセベニ大統領が率いた反政府勢力に参戦した時から，２人の関係は続く。しかし，1999－2000年にルワンダ・ウガンダ軍はコンゴの第３都市キサンガニにて，ダイヤモンドを巡って戦闘をして以来，緊張関係が続いている（P.42，P.157を参照）。

④ LRA と FDLR 両勢力はそれぞれコンゴ北東部・東部にいる。2008年12月以降，コンゴ軍による両勢力掃討作戦が続く。それ以前はコンゴ軍と FDLR は天然資源をともに搾取する関係にいた（P.92，P.215-222を参照）。

⑤ L. カビラ前政権と J. カビラ現政権が FDLR を支援したことは公然の秘密であった。

⑥ コンゴとルワンダ，そしてコンゴとウガンダは1998年以降，互いに敵国関係にあったが，2009年に国交が正常化された（P.228-229を参照）。

⑦ 第１次コンゴ戦争では L. カビラ前大統領とムセベニ大統領やカガメ大統領は同盟関係にあったが，第２次戦争では L. カビラ前大統領＝ムセベニ大統領，L. カビラ前大統領＝カガメ大統領は敵対する（P.40を参照）。

⑧ 第１次コンゴ戦争中，反政府勢力リーダーの L. カビラ前大統領とアメリカ（クリントン元大統領）間で鉱物資源の独占契約と戦争資金の提供に関する取引がされた。その後 L. カビラ前大統領はその契約を無効にし，2001年に暗殺される（P.165を参照）。

⑨ J. カビラ大統領とカバレベ軍参謀長は遠戚（P.157を参照）。

⑩ ルワンダの勢力圏を確保するために，ンクンダは利用されてきた。ンクンダがルワンダで2009年１月に軟禁されて以降，CNDP の参謀長であったンタガンダがンクンダの代行を務めている（P.210-211を参照）。

⑪ カバレベ参謀長は1997－８年にコンゴ軍の参謀長でもあった。対 FDLR の合同掃討作戦の際もコンゴ軍を指揮した（P.194，P.216を参照）。

略語一覧

ＡＦＤＬ　コンゴ・ザイール解放民主勢力連合（１９９６年にモブツ政権を倒した元コンゴ反政府勢力）
ＡＧＯＡ　アフリカの成長と好機
ＡＮＣ　〔南アフリカ〕アフリカ民族会議
ＡＵ　アフリカ連合
ＣＮＤＰ　人民防衛国民会議（２００６年にＲＣＤの「後継組織」として築かれたコンゴの反政府勢力ＲＰＦから支援を受けている）
ＣＮＳ　主権者国民会議
ＣＳＲ　企業の社会的責任
ＦＤＬＲ　ルワンダ解放民主軍（１９９４年のルワンダ虐殺の首謀者が中心に築いたルワンダ反政府勢力）
ＦＮＬ　解放のための国民軍（ブルンジの反政府勢力）
ＧＤＰ　国内総生産
ＨＲＷ　ヒューマン・ライツ・ウオッチ
ＩＣＣ　国際犯罪裁判所
ＩＣＲＣ　国際赤十字委員会
ＩＣＴＲ　ルワンダ国際戦犯法廷
ＩＭＦ　国際通貨基金
ＪＩＣＡ　国際協力機構
ＭＯＮＵＣ　国連コンゴ監視団

ＭＳＦ　国境なき医師団
ＮＧＯ　非政府団体
ＮＲＡ　国民抵抗軍（１９８６年に政権を取った元ウガンダ反政府勢力）
ＯＣＨＡ　国連人道問題調整事務所
ＯＥＣＤ　経済協力開発機構
ＯＦＩＤＡ　コンゴの通関・税関局
ＰＫＯ　国連平和維持活動
ＲＣＤ　コンゴ民主連合（１９９８年の第２次コンゴ戦争に築かれた反政府勢力）
ＲＰＡ　ルワンダ愛国軍（ＲＰＦの軍事部門）
ＲＰＦ　ルワンダ愛国戦線（１９９４年のルワンダ虐殺後に政権を取った元反政府勢力。カガメ大統領が率いる政党）
ＵＮＤＰ　国連開発計画
ＵＮＦＰＡ　国連人口基金
ＵＮＨＣＲ　国連難民高等弁務官事務所
ＵＮＶ　国連ボランティア
ＷＦＰ　世界食糧計画
ＷＨＯ　世界保健機構
ＷＷＦ　世界自然保護基金

序章

自分の人生を振り返って

そもそもなぜ私がアフリカ、しかもコンゴ東部の紛争に興味をもち、どのように人道支援に関わるようになったのかを説明したいと思う。自分の人生を振り返ると、いくつかの出来事が影響していることがわかる。

原点は、父の転勤で私がアメリカから帰国した7歳の時、周りから「ガイジン」といじめられたことと考えられる。私にとって外国のアメリカではいろんな人種が溶け込んでいるのが当たり前なのに、母国の日本では反対に差別された。今でも、「ガイジン」と聞くとギョッとするし、人種差別に関するニュースを聞いたり、映画を観ると体中が自然に熱くなる。恐らくこの経験が、差別に対する嫌悪感と正義感のようなものを生ませたのだろう。

中学・高校時代に、父の転勤で再びアメリカに滞在した。そこで外国語や異文化を学ぶ面白さを知り、そのような環境の下で活動したいという将来図を描いた。大学ではいろいろな国の学生と議論する機会に恵まれ、東南アジアに行き、初めて南北問題を目にした。貧しそうに見えるが、豊かな心をもつ人々に出会い、アメリカ以外にアジアにも目を向けなければならないことを思い知らされた。

その後、イギリス留学中のジャマイカ人男性との出会いが、人生の最初のターニングポイントとなる。彼は私にアプローチしキスを求めてきたが、彼への気持ちがまだはっきりしていなかったので、私は断った。すると彼は次のように聞いてきた。

「僕の肌の色が嫌なの？（Don't you like my color?）」

ガーン！　驚きでもあり、ショックでもあった。彼は典型的なジャマイカ人で、レゲエ音楽を歌い踊る陽気な人で、そんなことを気にしているとは思えなかった。しかし当たり前だが、表面だけでは判断できない。過去に苦い経験があり、深刻な悩みがあるからこそ音楽などで気晴らししているのだろう。それから私は彼の人種観に少しずつ敏感になった。

彼と付き合い始めた頃、彼が黒人として白人に差別されてきたこと、その人種差別をなくすために、将来は弁護士になって黒人の仲間を助けたいという夢を語ってくれた。それまでの私は、アメリカや日本といった支配する側の国の立場から世界を見てきたが、彼のおかげで、抑圧されてきた側の視点から見るようになった。だんだんと彼に共感し、自分も社会的弱者のために何かをしたいと考えるようになっていた。

そんなある日、彼の言葉に頭を殴られるような思いをした。

「日本人の君とはやはり付き合えない。イギリスがジャマイカを植民地化したように、日本も東アジア諸国で同じことをした。その意味では日本とイギリスは同盟国なので、君は僕の敵になるんだよ。」

政治と個人を一緒にするなんて！　日本が植民地支配を犯したのは事実だが、私はその国にたまたま生まれたのであって、自分で選択したわけではない。日本人としてではなく、1人の人間として私を見て欲しいと彼に言ったが、彼は次のように続けた。

「日本の某首相が以前、黒人に対する人種差別の発言をしたそうではないか。最低な奴だ！　だから君も口にしないけど、頭のどこかに差別意識をもっているはずだ。」

彼によると、工場が同じ商品を製造するように、政府も学校教育や政策などを通して、同じようなメンタリティーをもつ国民をつくっているのだという。1人ひとりの生まれ育った環境も、もっている問題意識も違うので、一般化しないようにと彼に注意した。しかし、頑固な彼は聞く耳をもたず、私たちはその後何回もけんかをしながら激論をした。何度も涙を流した。私はそれまで、文化や背景の違いはあっても、人として話し合えば理解し合えるものだと純粋に信じていた。しかし、現実はそんなに甘いものではなく、政治や歴史という壁はそう簡単に乗り越えられないことに気がついた。彼は多少過激なところがあったが、微妙な問題を本音で話せる友達に若い頃に出会えたことは大変幸運だったと思う。私の世界観を変えてくれたこの経験が、後ほどの人生のバネになってくれた。

そして、留学後に行ったイスラエルとヨルダンでの3カ月間の滞在が、人生の2つめのターニングポイントとなる。前述のジャマイカ人の彼からアフリカの話を聞いて興味をもったこともあり、アフリカでできるボランティアを探した。しかし見つからず、行き先をイスラエルにあるキブツやモシャブといった農業共同体に替えた。アフリカは農業国が多いため、せめて農業が学べたら多少なりともアフリカのことがわかるだろうと、あいまいな考えをもっていた。

しかし、そこで私が学んだのは農業でなく、それまで特に注目していなかった中東和平だった。緊張感が漂うなか発見の毎日で、大変刺激的な経験となった。まず、女性の兵役や平和維持活動（PKO）の国連兵力引き離し監視隊の存在など、現地の生活がすべて軍事色に染まっていることに驚いた。ある現地の女の子に日本語を教えていると、「戦争や平和、武器は日本語で何て言うの?」という質問に、「これらの言葉が日常生活の一部になっているのか」とショックを受けた。

そして、現地では2種類の紛争被害者に出会ったおかげで、彼らの立場から中東和平を見ることができるようになる。農業共同体の活動地であったゴラン高原は、シリア南西部に位置する軍事戦略上の要地で、水源確保の意味でも重要な拠点である。1960年代から70年代にかけて、両国間でこの高原の占領を競い合い、最終的にイスラエルが再占領した。このような経緯から、シリアの村がイスラエルに分断されており、両国側のドゥルーズ系住民[1]は「叫びの谷」を挟んで拡声器で連絡を取り合う。そこで出会った住民はパスポートをもてず、したがってこの地域から自由に行動できないことを教えてくれた。いわゆる無国籍者である。それに比べて、私はパスポートだけでなく日本人という中立の立場もあり、敵対関係にあるユダヤ系とアラブ系居住地間を行き来できる自由も権利もある。それは天と地の差であり、同じ人間の人生とは思えなかった。

もう1つの被害者であるパレスチナ人とは、イスラエルから陸路で西岸を渡ってヨルダン入りした時に出会った。彼らから中東和平の話を聞き、市販の地域の地図を見せられて仰天した。今まで私が滞在していたイスラエルという国名がその地図にはなく、代わりにパレスチナと書かれていた。アラブ諸国はイスラエルの存在を認めていないので当たり前なのだが、実際にそのような地図を見たのは生まれて初めてだったので衝撃的だった。

このように、世界に声が届かない人々の視点から中東問題を見ることができ、イギリス留学時代に引き続き、自分の視野が広がった。と同時に、メディアのあり方に疑問をもつようになった。私は学生時代にボランティアで雑誌のレポーターをし、ジャーナリストに憧れていたので、情報には普通より敏感だったかもしれない。中東に滞在中、世界の情報を握って支配しているのは西洋人、キリスト教徒、男性、そして健常者という4種類の人間がほとんどであることを肌で感じた（大湖地域で働き始めてから、それに加えてアングロサクソンも加わるようになった）。当時の1990年代初期は現在のように、個人の意見を受発信できるブログやツイッターもなかったので、余計そうであった。この4種類の人間の価値観だけで世界がつくられ、語られ、偏った都合のいい情報だけが報道される。私は健常者である以外は、アジア人、仏教徒、そして女性と、上記のルールに従えば「マイナー」な立場にいる。だからこそ、情報をメディアだけに頼るのではなく、現場に行って自分の目で確かめ、問題をバランスよく見なくてはならないと自分に言い聞かせた。

自分は現場向きであることを中東で確認した後、現場型の団体―国連ボランティア（UNV）、NGO、海外青年協力隊など―に手当たり次第応募した。その頃、犬養道子の『人間の大地』を読み、アフリカの難民活動に興味をもち始めた。戦争の犠牲者である難民と同じ視点に立てば、紛争に対して違った見方ができるかもしれないと思ったからである。その後、UNVとして、紛争終結後のカンボジアに選挙監視員として派遣された。この経験の後、希望がかなって、リベリア、南ア、ソマリア、タンザニア、コンゴ民主共和国、コンゴ共和国、スーダンなど、主にアフリカの国々を転々と回り、UNHCR職員となった。

コンゴ東部紛争への関心

タンザニアとルワンダで（帰）難民の保護活動にかかわっていた1994―5年当時から、コンゴ東部のゴマにずっと注目していた。世界最大数の難民と軍事化という難題を抱えていて話題になっていたからである。当時日本の自衛隊が人道支援のために3カ月間派遣され、ゴマの人道危機は最悪の状態にあった。また、コンゴから帰ってきた元難民のルワンダ人同僚らから現地の話を聞いたこともあり、コンゴに興味をもつようになる。

徐々に私の大湖地域への関心が高まり、1997年にUNHCRゴマ事務所のフィールド担当官の空席ポストを見つけ、応募した。仕事の内容は、第1次コンゴ戦争の際に密林に逃げ込んだルワンダ難民を探し出して救出するものだった。難民はルワンダ虐殺首謀者の人質になっていたので、容易に脱出できる状況にはいなかった。冒険心と好奇心がある私には最適のポストだと思ったが、当時のローレン（L）・カビラ大統領が国際社会の難民に対するアクセスを妨害したので、結局そのポストはなくなってしまった。

コンゴ東部紛争の直接的な犠牲者ではない私が、それを他人事として受け止められないのは、忘れられない辛い思い出があったからである。1998年5月にコンゴ東部のウヴィラという市へ長期出張に行った際に、マスンブコ・マタビシという現地人の同僚に出会った。彼は真面目で勤勉で優しい性格のもち主であった。私たちは兄弟のように仲よくなり、彼からコンゴの戦争や平和の展望について多くのことを学んだ。

彼と知り合ってから2カ月後に第2次コンゴ戦争が始まり、国連やNGOの外国人職員は全員国外に脱出し、現地事務所は閉鎖されてしまった。その頃は現地で携帯電話やメールが普及していなかったので、彼との連絡は途絶えてしまった。その翌年、私は長期出張でコンゴ西部に赴いたが、戦闘中の東部には簡単に行ける状況ではなかった。2002年2月になって、私が首都キンシャサに勤務していたとき、いきなり彼から電話があった。4年ぶりの「再会」に、喜びを分かち合う。彼はキンシャサ事務所の空席ポストに応募しており、「また一緒に働くことができたらいいね」と言い合った。

その3日後に、彼の訃報が届いた。何と、6人の子供と妻の前で武装勢力に殺されてしまったのだ。殺された原因は不明。私はすぐに未亡人のハリエットに連絡をすると、「こんなところ怖くていられない。お願いだから、すぐに私たち家族を難民として認定して」と泣きついてきた。彼女の気持ちは十分わかるが、難民認定プロセスは長いので、その間安全対策を見つけてと電話でアドバイスするしかなかった。その後、家族全員でタンザニアの難民キャンプに避難したというメールを彼女から受けとった。彼女とメールのやりとりを数回したが、いつの間にか連絡が途絶えた。数年後、人づてにハリエットらがオーストラリアに難民として移住したと聞いて、早速彼女に電話をし、喜びの叫びを共にあげた。彼女とは現在時折メールで連絡を取り合い、いつも励まされている。このような難民の第3カ国定住はやさしいことではなく、緻密な面談と調整を要する。夫が殺されたとはいえ、母国から遠く離れて生きようと決心した彼女の勇気ある行動には頭が上がらず、将来再会できることを願っている。

身近な不幸に直面し、コンゴ東部の紛争への関心と現地で働きたい気持ちがますます高まった。しかしそれを一層強化したのが、UNHCR休職中に従事した南アの大学院での研究である。さまざまな論文や批評を読むうちに、多くの疑問をもつようになったからである。ルワンダ政府といい、世界の主要なメディアといい、大湖地域の不安定な原因はルワンダ反政府勢力の存在だと決め付けている。他の紛争関係者も虐殺に近い行為を犯しており、国連や人権団体はそれについて報告しているのに、なぜルワンダ反政府勢力のみが悪者にされているのか。そして、なぜ誰も他の紛争関係者を非難しないのか。コンゴ東部紛争は「地域紛争」、あるいは一種の「国際紛争」なのに、なぜ内戦扱いをしているのか。なぜ、なぜ……。

コンゴ東部紛争の解決のために、コンゴ人の声を聞く必要があると思った私は、在南アのコンゴ難民、移民や留学生約20人にインタビューをした。コンゴ国内にいるコンゴ人は政府の批判ができない環境にいるが、在外の人々は客観的にコンゴ紛争を見ることができ、また本音をオープンに語ってくれる。そういった彼らの視点から勉強させられることが多かった。

そこで気がついた。中東で実感した情報操作が、大湖地域でも実行されていることを。過ちが隠され語られなくなり、不都合な情報が正当化される。情報を意識して追っていくと、頭がますます汚染され、何が本当のことなのかわからなくなる。中東やアフリカで確認したように、やはり百聞は一見に如かずである。現場に戻って、現実を確かめたいという気持ちが強まった頃に、たまたまコンゴ東部のＵＮＨＣＲの空席ポストの募集が目に入った。急いで応募したところ、念願のゴマのポストを得たのである。

コンゴの悲劇と特異性

平和以外に何でもある国、コンゴ。歴史をたどると、紛争や人権侵害が過去１００年以上にわたって続いていることがわかる。コンゴに集中している衝撃的な事実を要約してみよう。

① コンゴがレオポルド王２世の私有地であった際の犠牲者数は５００―８００万人。
② ハマーショルド国連事務総長（当時）が、飛行機の墜落事故で死亡（暗殺の可能性大）。
③ 第１次コンゴ戦争中、ルワンダ・ブルンジ難民やコンゴ市民数万人が「虐殺」された。
④ モブツ元大統領は世界３位の汚職者であった（アフリカで最大額）。

⑤ 周辺国を含む計19カ国が関与した「アフリカ第1次大戦」の舞台国。
⑥ ルムンバ初代首相とL．カビラ前大統領が暗殺される。
⑦ 1998年からの紛争の犠牲者数は10年間で540万人（第2次世界大戦以降、最大数）。
⑧ 天然資源の不法搾取が1996年から現在も続いている。
⑨ 性的暴力が現在氾濫しているコンゴ東部は、女性や少女にとって世界最悪の地となっている。
⑩ 1960年代と2000年代の2回、世界最大のPKO軍が展開される。

これだけの悲劇を経験した国は、世界にコンゴしかないといわれている。約100年前に起きた①の大量殺人はユダヤ人のホロコースト（600～1、100万人が死亡）と同じ規模であるのに、①の事実は日本だけでなく、世界でもあまり知られていない。右記では人災だけに限定したが、エボラ出血熱[2]の感染地といった天災も書き出すときりがない。

しかもこれらの人災は、ほとんどが天然資源の搾取に関連している。19世紀終わりに、レオポルド王2世がコンゴを私有地化したことでコンゴの悲劇が始まったのだが、1世紀経った現在でも状況はほとんど変わっていない。加害者として西欧諸国以外にアフリカの諸国が加わっただけで、被害者は相変わらずコンゴ市民であり続けている。まさに、歴史（貪欲さの悪循環）は繰り返す。地政学や経済の面からコンゴは戦略上重要な国で、アフリカ大陸どころか世界の中でも裕福な国の1つになるポテンシャルは高いにもかかわらず、現実は最貧国の1つとなっている。これは資源大国にありがちな「資源の呪い」として、かつアフリカの資源大国の運命として、片付けてしまっていいのだろうか。

実際のところ、コンゴ人自身が歴史過程の中で培った部分も多い。コンゴの悲劇を象徴するものに、モブツ政権時代につくられた「自分でやりくりせよ（debrouillez-vous）」という憲法15条が挙げられる。この表現は、コンゴ人が日常会話で口にするほど浸透している。「最近まで失業して生活に困っていた」と言った人に対して、「その間、どうやって生活していたの？」と聞くと、「何とか自分でやりくりをしていたよ」と必ず答える。もともと15条の導入目的は、国民に自助努力の精神を育ませるためだったが、自然環境に恵まれて食料や水が容易に手に入るコンゴでは、以前からその精神は存在していた。

しかし、この15条は単にサバイバル力の促進だけではなく、「どんな（悪い）方法を使っても生き延びろ」というメッセージも含まれていた。モブツ元大統領自身がそのモデルとなり、汚職、略奪やパワーハラスメント（権力を使ったハラスメント）に関与した。

その「病」は市民にも感染し、人々は誠実に働く努力をせず、道徳や規律に欠けるようになる。その結果、国の経済、政治や社会は、どんどん悪化してしまったのである。

また、コンゴを象徴するものとして、コンゴ版BMW「ビール（Beer）、音楽（Music）、女性（Women）」が挙げられる。これはコンゴ人エリートにのみ当てはまるものだが、この呼び方は、隣国のルワンダが1990年後半にコンゴに「侵略」した時にルワンダ人によって付けられた。笑い話のようなノリの呼称であるが、その背景には、かなり政治的な意味が含まれている。コンゴの政治家や軍の幹部らがこの3点セットに取り付かれるあまり、国の安全保障に従事できなくなり、いとも簡単に小国（コンゴの領土の1／90）のルワンダに占領されたことを皮肉ったものだ。

なぜコンゴ東部紛争は注目されないのか？

さて、コンゴ東部の死者数540万人を、他の紛争、テロや自然災害が生んだ犠牲者数と比較してみよう。22年間にわたるスーダン内戦では200万人、ルワンダ虐殺では50－100万人、スーダン・ダルフール地方の紛争では30万人、インド洋の大津波では20万人、9・11では3、000人。この数年、国際社会の注目を浴びているダルフール紛争と比べても、コンゴ東部の方が18倍の犠牲者を発生させているのである。

この膨大な死者数からして、国際社会のコンゴ東部紛争への関心が高くても不思議ではない。しかし、同じアフリカの紛争であるダルフールほど注目されていないのはなぜだろうか。ダルフール紛争には、さまざまな説がある。ルワンダ虐殺の10年後にあたる2004年にダルフール紛争が始まったが、それに対する国際社会の関与が薄く、「ルワンダ虐殺と同じ悲劇を繰り返すなという教訓が生かされていない」という大議論がされたため。スーダンはビン・ラディンをかくまっていたことがあるイスラム国家なので、アメリカが特別視をしているため。スーダンにある石油をアメリカが狙っているため。他の国々がダルフール紛争を「民族浄化」と呼んだのに対して、アメリカが「虐殺」と断言したため。さらに、ダルフールでは「政府が他の民族を殺すのに、武装勢力を使った」「人間の悪(human evil)」という見方があるのに対して、コンゴは単なる「無秩序と貧困の内戦」とみられているため。

これらの理由が一部、あるいは全部当てはまるかもしれない。ともあれ、コンゴ東部ではインド洋の大津波と同様の危機が毎年2回来ているにもかかわらず、[3]コンゴ東部紛争への関心は低いままだ。その理由は大きく分けて3点あるように思われる。ルワンダの虐殺と比較してみたい。

まず、コンゴ東部の危機が「目立たず」、その上生々しい映像がないことが挙げられる。ビニール・シートの簡易小屋が密集している（避）難民キャンプは、事態の緊急さが一目瞭然だ。しかし、コンゴ東部にいる避難民の70％が、疎開先に散らばっているので、人道危機の深刻さに気づきにくい。さらに、コンゴ東部の一般市民の死は「孤独死」と同様に、人道支援機関やジャーナリストのアクセスがほとんどない所でひっそりと起きている。その死も戦闘によってではなく、主に栄養不良やそれに誘発される病気または医療援助の欠如から生じるので、メディアの観点からすると非常に「地味」なのかもしれない。

ルワンダの虐殺では、首都キガリでも市民がナタで殺され、死体が道端に転がっていた強烈な映像が撮られ、それが一般の視聴者の頭に焼きつけられた。「ホテル・ルワンダ」や「ルワンダの涙」といったハリウッド映画も、ルワンダ虐殺を世界に知らしめることに役に立っただろう。西アフリカが舞台であった「ブラッド・ダイヤモンド」や「ロード・オブ・ウォー」という映画もつくられたが、世界最悪のコンゴ東部紛争に関する映画は未だにない。

2点目に、慢性化した緊急事態が1994年以降続いており、国際社会が「援助疲れ」ならぬ「コンゴ疲れ」になっていることだ。世界最大のPKO軍、国連史上最大の「民主的な」大統領選挙、大規模な武装解除のプログラム、さまざまな和平協定、VIPによる訪問といった西欧諸国の「努力」にもかかわらず、状況がなかなか改善しない。1994年以前にも、コンゴ動乱やモブツの独裁政権という混乱状態が続いていたため、何かあっても、「また、コンゴか」というあきらめと冷たい受け止めしか国際社会はできなくなった。

反対に、ルワンダは虐殺以前はあまり目立たない小国であった。1959年の社会革命で、大量のツチ難民が国外に逃亡した時もほとんど報道されなかった。もちろん、現在ほどメディアの通信技術が発達していなかったことも原因である。しかしもっと重要なことに、同時期に西欧社会は隣国でのコンゴ動乱への対応に従事していたため、ルワンダの存在はその陰に隠れてしまった。それは、1994年のルワンダ虐殺にも当てはまる。1994年以前から国内で虐殺の準備がされており、現地のPKO軍などから警告が出ていたにもかかわらず国連本部から無視されていた。同時期にあった、南ア初の全人種選挙やボスニア・ヘルツェゴビナ紛争が目立っていたのだろう。だからこそ、いきなりルワンダで非人間的なやり方で虐殺が始まった時、世界は驚いたのである。

そして最後に、最大の理由として、コンゴ東部紛争には多くの関係者が入り乱れており、そのほとんどが西欧国の指導者や主要メディアと協力関係にあることだ。関係者は政府役人、政府軍、警察、外国部隊、傭兵、武器商人、多国籍企業から始まって、メディア、国際機関、NGO、研究機関と宗教団体などと幅広い。その一部は、天然資源の不法搾取に直接的にあるいは間接的に関わりながら、戦争経済で利益を得ている。そのため、メディアはその不都合な真実が報道できない。したがって、紛争の背景をわざと単純化したり焦点をずらしたりして、「(自分たちと無縁の)アフリカの野蛮な紛争」「自業自得」というイメージを、一般の視聴者に植えつけてしまっている。

これらの関係者には、コンゴの有力な政治家も含まれている。コンゴ政府軍が市民に対して性的暴力や無差別殺人等を犯している。世界最大の犠牲者をだし、過去には周辺国に侵略された被害者であるわりに、コンゴ政府が現状の非難や東部への支援要請の声明をほとんど出していないのはこのためだ。

それに比べて、ルワンダのカガメ大統領は、コンゴ東部紛争では「加害者」であったにもかかわらずそれを見せず、虐殺の「被害者」としての立場を強調してきた(第8章を参照)。同大統領は、虐殺の首謀者(4)や国際社会への非難などを頻繁に口にする。国連は虐殺が行われる中、介入をしなかったどころか現地にいた国連PKO軍の数を激減させ、虐殺の防止に努めなかった。そのため国際社会には「罪責の念」があり、現政権(ルワンダ愛国戦線：RPF)のルワンダに対しても同情しているのだ。この罪責の念が1994年以降の大湖地域における外交を動かしている。RPF政権もそれをうまく利用することによって、ツチ防衛の必要性を認識させようとしている。反対に、ルワンダ虐殺の首謀者を「かくまっている」コンゴに対して、国際社会は同情せず、その結果関心も低いのである。

コンゴ東部紛争という「舞台劇」

前述の3点目の理由を言い換えれば、コンゴ東部紛争への関心の低さは、現状を維持したい紛争関係者の利権からきており、そのため、国際社会や紛争関係者による紛争解決の政治的意思が欠けていることになる。これを最初の2点の理由とつなげると、「そもそも政治的意思がないため、意図的に国際社会が「コンゴ疲れ」の顔を見せている。そして意図的に危機を目立たなくすることで国際世論を低く抑え、天然資源の不法搾取を可能とし続けた」ともいえるだろう。つまり、このコンゴ紛争は意図的に長期化させられていると解釈できる。

このメカニズムによって一般的には、コンゴ東部紛争が「複雑」すぎるため、国際社会が介入しても成果はほとんど出ないと結論されてしまう。大湖地域の政治や歴史、民族が入り混じる、政治の流動性が高い、また紛争に関与する多様な関係者が大勢いるなどという理由から複雑すぎる、人間の手では到底解決できないので、自然災害によって和平作りをした方が適切なのではという話もあるぐらいだ。紛争地であったインドネシアのアチェ地方がインド洋大津波後、武装勢力の弱体化によって和平に向かったように、コンゴ東部も火山の大噴火をもたらすことによって、解決方向に向かうのではないかとさえ言う人がいる。

確かにコンゴ東部紛争は複雑に見えるだろう。しかし、この紛争を「舞台劇」というふうに考えてみたらどうだろうか。まず、監督、役者、シナリオ、脚本やシーンは、1990年代初期からすでに決められている。ただ普通の舞台劇は2時間で終了し全役者は脚本を覚えているが、コンゴ東部紛争の「それ」は最低20年の歳月がかかる一方、ほとんどの役者が脚本を知らない。粗筋はおおよそのものしかなく、映画の展開中に予期せぬハプニングがあるたびにシナリオが変わり、ラストシーンにたどり着くのに時間がかかる。また、登場人物といい、その立場（今日の敵が明日の味方になるなど）といい、ころころ変わるので、一般の人はその動きの連続性になかなか気づかないだけでなく混乱するだろう。大勢いる一般市民はわき役としておもちゃにされ、不幸なことに救われることはない。

この見方を使えば、意外にコンゴ東部紛争が単純であることが理解できる。この「舞台劇」構造の存在を知らないまま、私はコンゴ東部で人道危機に関わり始めた。そして、世界最悪の紛争が包含する構造を知った時恐怖を抱いてしまった。皮肉なことに、この「舞台劇」とコンゴから遠く離れた日本などでの豊かな生活とは無関係ではない。われわれ人道支援機関がいくらもがいて何とか劇のシナリオを変えようとしても、現実はとてつもなく厳しいことは明らかだったのだ。

しかし、だからといって、何もしないまま舞台鑑賞を続けてよいのだろうか。できることは本当に何もないのだろうか。確かに、人道支援のみでは紛争解決はできない。だが、紛争の犠牲者（《避》難民）が抱える問題は、紛争の原因や要因とほとんど重なっており、それらに適切に取り組むことにより、いずれは解決に向かわせることができるのではないか。それがなかなか実現できなくても、少なくとも紛争のサバイバー（生存者）らの痛みを和らげることはできるはずだ。悪夢のコンゴ東部紛争を見ていると悲観的になりがちだが、独立したばかりのコンゴ初代首相ルムンバが暗殺される直前（１９６０年11月）、投獄中に妻ポリーヌにあてた手紙に書いたように、ポジティブ思考でいないと前進できない。
「歴史はいつか自分の言葉で自ら語るであろう。しかしその歴史はブリュッセル、ワシントン、パリ、国連で教えられる歴史ではなく、植民地主義やそのあやつり人形から解放された国で教えられる歴史であろう。」

註

（1）レバノンを中心に、シリア、イスラエル、ヨルダンなどに存在するイスラム教系の集団。

（2）最初にウイルスが発見されたのは1976年、スーダンにおいてであった。最初の被害者の出身地付近である、コンゴのエボラ川からこのウイルスの名前はエボラウイルス、病気もエボラ出血熱と名づけられた。感染した時の致死率は50―90％と非常に高い。

（3）2005年初めに、まだインド洋の津波の死亡数が明らかにされていなかった段階で、ベルギーの Le Soir 紙がそう表現した。インド洋の大津波では資金援助がたくさん集まりすぎて、国境なき医師団（MSF）といったNGOが寄付集めを途中で中止した。

（4）虐殺首謀者は、旧ルワンダ政権の軍隊と「インテラハムウェ」と呼ばれるフツ系民兵集団によって構成されている。この本では、虐殺首謀者とまとめる。

第1章　コンゴとその東部の悲惨さについて

コンゴに関する文学というと、イギリス人作家ジョセフ・コンランドによる『闇の奥』（1902年に出版）が有名である。西洋植民地主義の暗い側面を描写したこの小説は、船員時代にコンゴ川で得た経験をもとに書かれた。このタイトルは「アフリカ奥地の闇」を意味しているが、それ以外に、人間の心の闇、西欧文明の闇も含意していると考えられる。つまり、コンランドの真のメッセージはコンゴ人の野蛮さでなく、人々の貪欲にあったのだ。その『闇の奥』の悲劇的な歴史は、100年間にわたって続いていることになる。

コンゴ東部での人道問題や紛争の背景に触れる前に、コンゴの特異性、国や東部に集中する貪欲さ、その結果生まれた悲惨さと呪い、そして歴史について紹介したい。歴史に関しては、本章ではコンゴ全体とコンゴ東部（厳密には北キブ州と南キブ州）の2つに分け

北キブ州独特の手作りの木の自転車「トゥクドゥー」。もともと，100キロ以上の農産物を地方からゴマや他の町に運ぶためにつくられたが，軍人が少年に武器を運ばせるなど戦争に利用される場合もある。

た。国境を越える動きが激しい大湖地域では、民族、土地、国籍、天然資源、武器の不法流入、多数の武装勢力の乱立といった問題が入り混じっており、コンゴは多かれ少なかれ近隣諸国とは対立の歴史を有している。その中でも、人口移動や民族対立の影響もあり、長年にわたって微妙な関係が続くコンゴ東部とルワンダ間関係を理解する必要がある。この地域の安定そして不安定を握る鍵だからだ。

世界最悪の犠牲国コンゴ

コンゴの面積はアフリカでスーダン、アルジェリアに次いで第3位（日本の約

6倍)、そして世界では第12位の広さをもつ。[1] 人口は6—7、000万人で、アフリカにおいてはナイジェリア、エジプト、エチオピアに次いで4番目に多い。民族と言語は250以上ある。コンゴはアフリカのほぼ中央に位置し、西は大西洋に面し、9カ国に囲まれている。ホスピタリティーにあふれた国民性により、周辺国から多くの難民を寛大に受け入れてきたため、一方で多くの外国勢力も受け入れてしまった部分があるといえるかもしれない。彼らのもてなしが反対に悪用されたために、豊富にある資源が略奪され、欲望以上の貪欲が渦巻く国になってしまった。

「コンゴで唯一機能しているのは音楽だけだ」とコンゴ人が断言するぐらい、コンゴ音楽は世界的にも有名で人気があり、アフリカ大陸中どこでも流れている。コンゴの現代音楽は、植民地時代の1930、1940年代にキューバからラテン音楽がもたらされ、1950年代にはアメリカ合衆国のジャズをアフリカン・ジャズとして受容したことに遡ることができる。仮面、彫刻などの古美術品も、アフリカを代表するものとして魅力的であり人気が高い。一般の人々も非常におしゃれで、大きな花柄などが染め抜かれている衣服は原色で華やかだ。天然資源や自然も豊富で、質・量ともに世界最高のものが集中している(第7章を参照)。

一方、コンゴは世界最貧国の1つで、国連の人間開発指数で179カ国中177位（2008年）と最下位近くに位置する。また国際NGO・トランスパーレンシー・インターナショナル[2]が2008年に行った汚職指数で、コンゴは180カ国のうち171位であった。平均の寿命は46歳で、人口の80％が毎日1ドル以下の生活をしている。人口の半分以上が医療施設や飲料水へのアクセスがない。1960年から2006年までのコンゴの経済成長率は、マイナス71％であった（ちなみに、1960年当時コンゴと同じGDP（国内総生産）をもっていたタイの同時期の経済成長率は720％）。1990年から2001年の間に、インフレが670％上がり、ピークは1994年の10、000％であった。その年、ルワンダ難民の大量の流入に伴って、国連、NGOや軍関係者などが莫大な額の米ドルを費やし、物価が高騰したからだ。

コンゴの悲惨さは、難民支援のオペレーションについても同じようなことがいえる。私がUNHCR職員として、コンゴに勤務した1998年から2008年のうちの通算4年間、常に国のどこかで新しい緊急事態に直面した。何しろ、周辺国9カ国のうち7カ国は、紛争中もしくは近い過去に紛争のあった国々である。ルワンダから始まり、ブルンジ、ウガンダ、スーダン、コンゴ共和国、アンゴラ、中央アフリカ共和国からの難民が次々とコンゴに流入し、コンゴも難民を生んだ。そして現在の課題は、東部に集中する避難民である。また、難民ではない被害者—例えば、アンゴラから追放されたコンゴ人の不法労働者—に対して国境地帯にいた現地のUNHCR事務所が支援に当たったこともある。

人道支援機関の同僚とはよく言い合ったものだ。

「アフリカサハラ以南のどこの国々を見ても、コンゴほど天災、人災の問題を全部抱えている国はない。虐殺からエボラ出血熱まで。火山噴火から飛行機の墜落まで。唯一ないのは津波だけだ。」

しかし2008年2月3日に、ゴマの南部に位置するキブ湖で地震があり、同時に津波が起き、少なくとも幼児4人の犠牲者が発生した。子供たちは湖で自分の仕事である水汲みをしているときに、津波に飲み込まれたという。これは東北大学の浜口博之名誉教授(地震と火山が専門)の現地調査の結果、確認された。海でしか津波がないと思っていたので驚いたが、1960年代にもキブ湖の南に位置するタンガニーカ湖で津波が起きたとのことだ。

このように、あるコンゴ人いわく「コンゴは何もかもある国。平和以外に」である。何とも悲しいことである。

貪欲による搾取が繰り返された歴史

１４９１年にはポルトガル人が来航し、当時あったコンゴ王国は奴隷貿易の中心地となった。１５２６年にコンゴ王がポルトガル王に「毎日商人が人さらいをしている。そのうちにこの王国には人がいなくなってしまう」という苦情の手紙を出したこともある。探検家でジャーナリストのイギリス人スタンレーがザイール川を１８７７年に下るまで、広大なコンゴ盆地は欧米世界に知られていなかった。コンゴは、アフリカの中でヨーロッパ人による「発見」が最も遅れた地域であった。１８８４―５年のベルリン会議で西欧列強によるアフリカ分割がなされ、その年から１９０６年にかけて、ベルギーのレオポルド王2世がコンゴ自由国を私有地とした。コンゴはベルギーの60倍の国土があるが、そのコンゴを自分の家の庭のように扱っていたのである。一個人によって植民地化された国は、世界でもコンゴだけである。

当時、ベルギーの隣国オランダがジャワを植民地化していたが、その経営方法にレオポルド王2世は興味を抱いていた。コーヒーブームでジャワから利益を上げていたオランダに習って、レオポルド王2世はコンゴから国力を増大化することを試みた。自転車産業の発達と共に天然ゴムの需要が高まり、当時世界最大級のゴム産地をもつコンゴに目が向けられたのだ。レオポルド王2世はコンゴの地を踏むことはなかったが、コンゴ人をほとんど奴隷のように働かせた。それに従わない者に対しては、腕を切り落とし、家々を焼き、女性をレイプし、子供たちを誘拐した。このため、20年の間に当時の人口の実に半分が亡くなったといわれている。

こういったコンゴ住民に対する苛烈な搾取政策を取ったことから、ベルギーは欧州各国から非難されていた。この死亡者数は現在の犠牲者数と同じくらいとされており、100年経っても人道危機や人権侵害が続いているといってもいいだろう。100年前と現在では加害者が変わっただけで、被害者は常に一般のコンゴ人である。

1908年になるとベルギーが国家としてコンゴを植民地化したが、その後も搾取は続く。第1次世界大戦中、住民は1年間のうち120日間も強制労働を強いられ、飢饉の発生や病気の蔓延、これらに起因する多くの死の結果コンゴ社会は荒廃した。また多国籍企業が鉄道路線をつくり、ダイヤモンド、金、木材を本格的に強奪した。

1960年のコンゴの独立後も、大混乱は続いた。ルムンバ首相が選ばれるなり、国の資源を国民のために使うと決断したため、西洋諸国の脅迫にあう。当時は東西冷戦中で、爆弾作りに欠かせないコバルトは世界でコンゴとソ連にしかないため、アメリカはコンゴに依存していた。それがルムンバ首相による国有化政策によって手に入らなくなると危機感を覚えたアメリカは、彼を共産主義者扱いし、ベルギーと共に翌年暗殺したのである。資源が豊富な南部カタンガ州がベルギー政府の言いなりになり、一方的に独立宣言をしたため、2万人を含む世界最大（当時）のPKO軍が派遣された。コンゴ動乱に巻き込まれたハマーショルド国連事務総長も、飛行機の墜落事故で亡くなった。南ア、アメリカとイギリスの諜報部員による暗殺の可能性が高いと、南アの真実和解委員会が1998年に明らかにした。

1965年から1997年の32年間にわたって、コンゴの独裁者であったモブツ大統領は、コンゴ人版レオポルド王といえよう。彼はもともとルムンバ首相の部下であったが、アメリカと組んでルムンバ首相の暗殺に関わった。日本を含む西欧諸国は、コンゴの資源欲しさのあまり、1980年代まで多額の援助を行いながら、国を私物化し富と権力を独占したモブツ大統領に協力していた。日本はモブツ大統領の支配を強化し、独裁政権の存続を助けたことになる。彼は西欧諸国の操り人形であり、1960年代にコンゴのCIAに務めていた父ブッシュ大統領はモブツ大統領のことを「最も貴重な友達の1人」と呼ぶほどであった。1971年に訪日した際も、昭和天皇が羽田空港まで出迎えた。現在では考えられないことである。それほど、当時のモブツ大統領は権力をもち、日本に大切にされていたことがわかる。

モブツ大統領を倒したL・カビラが1997年に大統領となり、国名をザイールからコンゴ民主共和国に戻した。彼はルムンバ初代首相を支持する革命運動家で、1965年にコンゴ東部に短期間滞在していたチェ・ゲバラから、革命の指導を受けたことがある。しかし、L・カビラに対して「酒と女癖が悪い」という印象しかもたなかったチェ・ゲバラは、特に協力を深めなかった。

L・カビラ政権下では、東部で旧・新ルワンダ政権などとの戦争状態が続いた。1999年に停戦協定（ルサカ合意）を調印したものの、L・カビラ大統領はその協定に含まれていたPKO軍の展開を拒否し、停戦は事実上無効にされた。なぜL・カビラ大統領がこのような行動をとったかというと、1960年代のPKO軍のあり方や、アメリカ主導の現在の国連に、不信を抱いていたからだった。その上、第8章で後述するように、新PKO軍の展開によって、カビラ大統領は当時中断されていた1997年の「虐殺」に関する国連の調査が再開されるかもしれないと危惧していた。
そのL・カビラ大統領は2001年に護衛兵に撃たれ、遺体は彼の友人ムガベ大統領がいるジンバブエに搬送された。なぜジンバブエなのかについては、さまざまな説がある。ジンバブエの首都・ハラレの銀行の金庫に金が保管されており、ムガベ大統領がそれを開けるためにL・カビラ大統領の指紋が必要だったためとか、両国間の軍事協力についてムガベ大統領が確認したかったなどである。真相は依然として謎のままである。

L・カビラの息子といわれるジョセフ(J)・カビラが、29歳の若さで次の大統領に就任した。J・カビラは父親と違って、積極的にPKO軍を受け入れ、コンゴ国民間の対話を促進し、さまざまな和平合意に調印し、暫定政権も成立させた。そのため、西欧諸国から「(彼のおかげで和平プロセスが進み)すばらしい」と褒めたたえられている。さらに2006年に大統領選挙が40年ぶりに行われ、J・カビラが大統領に選出されている。選挙費用は5億ドルと見積もられ、4億7,000万ドルの援助が欧州連合を中心とする国際社会から約束された。選挙後も、約40もの国内武装勢力に加えて、ルワンダ、ブルンジ、ウガンダ、スーダン、中央アフリカ共和国、チャドといった外国武装勢力も存在し、武器の不法売買や土地の争いが絶えない状態が続いている。

よそ者のルワンダ系住民

最初にルワンダ人移民が現在の国境線を越えてコンゴ東部に入ってきたのは、18世紀ごろといわれている。コンゴ、ルワンダ、ブルンジの宗主国であったベルギーは1920年以降、半ば強制的にルワンダとブルンジから大量の移民をコンゴ東部に移住させた。土壌や資源が豊かなコンゴ東部において、その開発のために労働力が必要であったこと、そして人口密度が高かったルワンダとブルンジで人口増による土地の希少化を避けることが目的だった。その上、1959年にルワンダで社会革命が、続いて1972年にブルンジで虐殺が起こったために、両国から大量の難民（ルワンダ難民はツチ）がコンゴ東部に逃げ、現地での人口密度がますます高くなった。この独立前後の人口移動が、現在の紛争を導いてしまったのである。

モブツ大統領はルワンダ系住民(3)を優遇していた。難民出身でかつ政治的不利な状況にある少数者のルワンダ系住民を支援することにより、モブツ政権に依存させ、協力関係を築くためであった。ルワンダ難民であったビセンギマナがモブツ大統領の官房長官になり、コンゴ政府内では大統領に次ぐ権力の保持者にもなった。ビセンギマナのおかげで、ルワンダ系住民はコンゴの国籍が与えられるようになり、家畜業や農業に従事したり選挙に参加するなど、政治経済的な力をもち始めた。

その結果、次第に地元の人々は、ルワンダ系住民に敵対心を抱くようになる。それに加え、東部の人口密度の高さと土地不足が社会的な緊張を増幅させた。それを解決するために、モブツ大統領は少数者ルワンダ系住民との協力を止め、多数者コンゴ住民との関係構築に乗り出した。その結果生まれた民族間の緊張が1981年に悪化したのは、ルワンダ系住民が国籍を失う新法が成立したからである。同新法により、ルワンダ系住民はコンゴ国籍を剥奪され、「無国籍者」になってしまった。

民族間[4]の対立が悪化し続けたのは、モブツ大統領だけでなくルワンダのハビャリマナ大統領もまたそれを促進したからである。ルワンダの民族は大きく分けて、多数者のフツ(85%)と少数者のツチ(14%)がおり[5]、フツのハビャリマナ大統領は、対ツチ強硬派として知られていた。そして冷戦後の国際政治の変動もコンゴに大きな影響を与えた。モブツ大統領はそれまでアメリカの支援に依存していたが、冷戦後それが得られなくなり国内での正統性も急速に失っていた。地方では民主化を求める動きの圧迫が始まった。そこでモブツ大統領は国政から国民の関心をそらそうと、地方での民族の対立の煽動という戦術を使うようになった。熱狂的な民族主義が煽られた結果、ツチ系住民は差別の標的となり、彼らの国外追放の運動が激しさを増した。

1980年から1990年代初期まで、コンゴ東部には2つの対立があった。ルワンダ系住民とコンゴ人の間の対立、そしてルワンダ系住民内の多数者フツと少数者ツチの間の対立である。これらの対立は、冷戦後の流れの中、形だけの民主化プロセスとして開催された1991―2年のコンゴ主権者国民会議（CNS）と、1990年に勃発したルワンダ内戦で一層悪化した。なぜなら、CNSは1981年の国籍法を再確認し、ルワンダ系住民を激昂させてしまったからである。国家からの安全の保障を期待することができなくなったため、東部の各民族はそれぞれ民兵をつくり、ツチの若者はウガンダやルワンダにあるRPF（当時反政府勢力）に加わった。

この背景には、1959年の社会革命によってルワンダ国外への避難を余儀なくされたツチ系難民の間の強い団結が挙げられる。その中で指導的な役割を果たしていたのがウガンダにいた難民であった。彼らは、当時のウガンダ政府を倒すためにムセベニが率いる反政府勢力のＮＲＡ（国民抵抗軍）に参加し一緒に戦った。後のルワンダ大統領になったカガメもムセベニの副官としてＮＲＡにいた。１９８６年にＮＲＡは勝利し政権を奪取するが、ルワンダ難民はウガンダでの土地所有の権利も身分も与えられなかったため、祖国への帰還を決める。１９８８年にワシントンＤ．Ｃ．で開催されたルワンダ難民会議でも、参加者らはルワンダへの帰還あるいは帰化のいずれかの決議をする。そしてＲＰＦは、ウガンダ、アメリカやその他の国々にいるツチ系難民の支援を受けて、１９９０年にウガンダからルワンダに攻め込んだ。しかし、ベルギーやフランス、そしてコンゴがルワンダのハビャリマナ政権を支援したため、結局その試みは失敗に終わる。その後ルワンダは内戦状態になり、１９９３年にタンザニアの仲介で、ルワンダ政府とＲＰＦの間でアルーシャ和平合意が結ばれた。しかし合意にはＲＰＦに有利になるような条件が含まれ、フツの不満を招き、一時的な解決にしかならなかった。

隣国のブルンジでは１９９３年10月に初のフツ大統領ンダダエが暗殺され、ツチとフツ間の衝突や殺りくが起きた。それがルワンダに飛び火し、ハビャリマナ大統領の「フツ・パワー（フツに権力を）」というイデオロギーも手伝って、ますますツチに対する悪感情が増した。ハビャリマナ政権にとってブルンジから得た教訓は、民族共存は不可能であり、一方、国際社会はこのような衝突や殺りくに対処しないということであった。

1990年代の3つの紛争

1990年代に、大湖地域で相互に関係を有す紛争が三度起きた。1994年のルワンダ虐殺、1996―7年の第1次コンゴ戦争、そして、1998―2003年の第2次コンゴ戦争である。中でも、ルワンダとコンゴの旧政権を倒し、この地域の政治や権力構造を大きく変動させたルワンダ虐殺の影響は大変大きい。

1994年4月に、ハビャリマナ大統領が乗っていた飛行機がルワンダの首都キガリで撃墜された直後に、フツ過激派がツチとフツ穏健派に対する攻撃に乗り出し、約50―100万人が殺された。その後、進撃してきたRPFの報復を恐れて、虐殺首謀者（フツ過激派）が難民85万人と共にコンゴ東部に逃げこんだ。ルワンダ紛争がコンゴ東部に飛び火したことによって、すでに存在していたコンゴ東部における民族対立が再燃する。フツ過激派は越境して新ルワンダ（RPF）政権だけでなく、コンゴ軍やツチの排斥を目指すマイマイと呼ばれる地元民兵と共に、次第にツチ系住民への攻撃を実施し始めた。

モブツ大統領は、この難民問題を自益に利用しようとした。失政から注意を逸らし、また冷戦後失っていた国際的地位を取り戻すいい機会だったからである。そもそもこの虐殺首謀者は、モブツ大統領と友好関係にあったハビャリマナ大統領の仲間であった。モブツ大統領が虐殺首謀者をかくまっていたのはそのためであった。ちなみに、ハビャリマナ大統領の遺体は、モブツ大統領の「ジャングルの宮殿」に移送され、その庭の墓地に埋めてある。ハビャリマナ大統領の未亡人も遺体の搬送に同行し、しばらくこの宮殿に滞在していたという。

しかしこの難民問題により、結果的にモブツ大統領自身も犠牲者になってしまった。1996年に、新しく設立された反政府勢力「コンゴ・ザイール解放民主勢力連合」（AFDL）による、第1次コンゴ戦争が始まったからだ。AFDLは、コンゴ人の組織であることを宣伝し、全国的な反体制運動であるという外観を保つために、いくつかの勢力を集め、外見上コンゴ人のL．カビラをリーダーとして担ぎ上げた。しかし、カビラは単なる報道官であり、AFDLの指揮をとっていたのはルワンダやウガンダであった。この両国以外に、周辺国8カ国やアメリカがAFDLを支援し、ルワンダ系住民もこれに参加していた。またAFDLには、大湖地域の政治を間接的に操っていた国際機関の幹部も関与していたという。

また、当初ＡＦＤＬのリーダーにはＬ．カビラではなく、創設者キサセ・ヌガンドゥがなる予定だった。しかし、後者があまりにもナショナリスト的で、「ルワンダの協力がなくても、われわれコンゴ人だけで戦える」と主張したため、ルワンダ軍とコンゴ軍が共謀して彼を殺したといわれている。

ＡＦＤＬがコンゴ東部に「侵攻（invasion）」したのは、主に次の理由とされている。①ルワンダの安全保障（ルワンダ虐殺首謀者がルワンダ新政権を襲撃しても、国際社会が介入しなかったので、ルワンダ政府が自国の防衛のため自ら軍事行動に出た）、②「アフリカの恥」と呼ばれ、虐殺首謀者を支援していたモブツ政権の打倒、③ルワンダ系住民の国籍剥奪への反撃である（ＡＦＤＬが武装蜂起する数週間前に、バニャムレンゲ[6]が武装し始めた地域に危険をもたらすと予想した南キブ州の副知事が、彼らの国外追放に関する宣伝を行った）。①に関しては、ルワンダのカガメ副大統領兼国防大臣（後ほど大統領に就任）も認めている。

しかし侵攻の真の目的は、ＡＦＤＬとルワンダ政府そしてウガンダ政府との間で、10月23日（ＡＦＤＬが設立された日）に調印された「レメラ合意」という密約に明記されていたという。密約であるため合意の内容があいまいだが、それにはコンゴの独立記念日の

１９６０年６月30日以前にコンゴに移住したルワンダ系住民にコンゴの国籍が与えられること、コンゴは最終的に国の主権を失い、アフリカの新リーダーであるウガンダのムセベニ大統領、ルワンダのカガメ副大統領とL．カビラが支配する連合国の一部になると書かれていたという。つまり、コンゴ東部がルワンダとウガンダによって併合されるというのである。その結果、英語・スワヒリ語圏とフランス語圏が対立することも予想されていた[7]。また、最初から目的とされていたか明らかではないが、これらに資源搾取が加わるようになった。

ＡＦＤＬが政権をとった翌年の１９９８年に、ルワンダ政府やウガンダ政府の支援を受けたコンゴの反政府勢力「コンゴ民主連合」（ＲＣＤ）が設立され、第２次コンゴ戦争が再開した。このＲＣＤ（ブルンジも参加）は、コンゴ・ジンバブエ・アンゴラ・ナミビア（短期間にスーダンとチャドも介入）に対して戦闘を起こした。なぜ、第１次コンゴ戦争で同盟であったルワンダとウガンダが、第２次でコンゴに背を向けたのか。それは、L．カビラに政権を握らせるために支援したルワンダ政府が、L．カビラ大統領から裏切られたからである。

ルワンダのＲＰＦ政権は、コンゴのルワンダ系住民が抱える問題や彼らの安全保障に取り組んでくれることを、L・カビラ大統領に期待していた。しかし、L・カビラ大統領はそれに対して何の対応もしなかった。そのため、L・カビラ大統領を従順な傀儡に取り替えようと、RPF政権は彼の暗殺計画を立てたのだが、失敗に終わった。RPF政権に不信感をもったL・カビラ大統領は自分の側近のAFDLのツチ系ルワンダ人（1人はコンゴ軍のガバレベ参謀長）やルワンダ軍の幹部を1997年12月以降、国外追放にしたのである。しかし、当然ルワンダ政府にとって耐え難い事態となり、ルワンダ軍はウガンダ軍と共にコンゴ東部を「侵略（occupation）」し、その2日後にコンゴとルワンダ・ウガンダの国交が断ち切られた。ルワンダ軍とウガンダ軍は国境付近のコンゴ東部にとどまらずさらに西方に進軍したため、侵略の真の目的は天然資源の搾取ではないかと疑われた。国の中央に位置する、ダイヤモンド産業が盛んなムブジマイ市にまでルワンダ軍は侵攻したからである。実はこの侵略の前に、当時のルワンダのビジムング大統領がある記者会見で、植民地以前のルワンダの地図を公開した。その地図によると、現在の北キブ州がルワンダの領土に含まれていた。今回のルワンダ軍による侵略もコンゴの国境線を引きなおすためだといわれた。

経済的関係や政治的理由から、ジンバブエ、アンゴラとナミビア、そして一時的にスーダンやチャドもL・カビラ大統領側につくなど、軍事的、政治的、財政的に少なくとも19カ国が第2次コンゴ戦争に絡んだ。[8] 南アは両陣営に武器を提供していた。L・カビラ政権対反L・カビラ派という図式の戦争であったにもかかわらず、反L・カビラ派同士のルワンダ軍とウガンダ軍の間で、ダイヤモンドを巡って戦闘を起こすこともあった。反政府勢力の分裂や新反政府勢力の誕生が繰り返される中、一時、コンゴ国土の半分が反政府勢力に占領されたほどであった。しかし、勝敗はつかず、暫定政権が成立した2003年に「正式」に紛争は終わったとされる。

しかし長年続いた紛争が、そう簡単に終結するはずがない。戦闘状態がその後も数年続いた後（第10章を参照）、2008年1月に東部における全コンゴ反政府勢力と全民族がゴマに集まり、停戦合意にこぎつけたが、調印された数時間後にはこの合意はすでに破られていた。

ゴマ周辺に集中する「呪い」

私が赴任したゴマは美しい都市であるが、悲劇の国コンゴの中でも最も悲惨な場所であった。ゴマは北キブ州の州都であり、東部の政治や経済の中心都市、また避暑地や観光地として栄えてきた。ルワンダとの国境に位置し、キブ湖に面している。1994年には人口10万人程度のこじんまりした街であったが、２００8年時点で近郊を含めて人口は70万人に膨れ上がった。地方で戦闘が続いたため、ゴマへの移動を強いられたからだ。ゴマは標高1、500メートルに位置しており、熱帯雨林気候の首都キンシャサと違って天候がよい。ゴマから北部に行くと2、000メートルの高地が続き、リンゴがなるほど寒い。１９９0年に、南アのマンデラが27年ぶりに釈放された後に、アフリカ民族会議（ＡＮＣ）副議長として訪れた最初の土地がゴマであった。ＡＮＣの資金集めをしていたマンデラは、当時ゴマで休養していたモブツ大統領に会いに行ったのである。

２００2年1月17日にゴマ近郊にあるニィラゴンゴ火山が大噴火し、時速60キロメートルの速さで溶岩流が流れ出た。溶岩はゴマ市内の道路や建物を襲い、発電所やガソリンスタンドが爆発し、12万人の家を奪い、キブ湖の魚が全滅するなど、同市の社会基盤の80％が損害を被った。ニィラゴンゴ山は１８３2年、１９０4年、１９７7年にも噴火しており、その時に流れた溶岩が町中のあちこちにみられる。しかし、ゴマは二度にわたる戦争によって金儲けした人たちが大勢暮らす「成り金」の街なので、すぐに復興し始めた。私の駐在中、外国人向けの三星ホテルが5軒できるなど、街のあちこちで建築ラッシュがみられた。

ゴマに滞在中、「ゴマとその近郊には呪いがあるのではないか」と思うほど、次から次へと悲劇が続いた。2007年8月から政府軍と反政府勢力間の戦闘が勃発し、それに伴って北キブ州には大量の（避）難民が発生した。その結果、同州の避難民数は1年間に55万人から85万人に膨張したほどであった。同時に、反政府勢力の支配地域が徐々に広がり、隣国から武器がますます流入した。同時期に、コンゴとウガンダの国境にあるアルバート湖で油田が発見されたため、2カ国間でその利権でもめ、イギリス人のエンジニアを含む死者が数名出た。2007年11月にウガンダでエボラ出血熱が発生したため、コンゴとの国境が閉鎖され、難民がウガンダから帰還できなくなった。2007年8月、そして2008年4月に、ゴマ市内で飛行機の墜落事故が起き、50人近くの死者が出た。(9)

第1次および第2次戦争中に「虐殺」されたとみられる数万人の民間人の合同墓地が、2008年に新たに見つかった。そして、2008年1月の和平会議後も、人権侵害が続いている。

2008年4月には、ルワンダ虐殺首謀者が中心につくった軍事的・政治的組織「ルワンダ解放民主軍」（FDLR）から脅しの手紙を受け取った。「UNHCRの事務所を撤去しなければ攻撃する」という内容で、ピリピリとした緊張感が続いていた。避難民キャンプは2007年11月と2008年6月の2回、コンゴ軍とFDLRのそれぞれに攻撃さ

コンゴの歴史（2008年中期まで）

- 1885－1908：レオポルド王２世がコンゴ自由国を私有地化
- 1908　　　：ベルギーが植民地支配開始
- 1960　　　：独立後，コンゴ動乱が発生
- 1961　　　：ルムンバ初代首相の暗殺
- 1965－97　：モブツ大統領による独裁政治
- 1994　　　：ルワンダの大虐殺がコンゴ東部に飛び火
- 1996－７　：第１次コンゴ戦争
- 1997　　　：L. カビラ大統領就任
- 1998　　　：第２次コンゴ戦争（＝第１次アフリカ大戦）
- 2001　　　：L. カビラ大統領の暗殺。J. カビラ大統領の就任
- 2002－３　：コンゴ国民対話の開催。さまざまな和平協定の調印
- 2006－８　：大統領選挙後，東部で反乱激化

れ、死者が11人出ていた。人間だけでなく、マウンテンゴリラ（子供も含む）も２００７年だけで約10頭が殺された。さらには、２００８年２月にマグニチュード６の地震がゴマ周辺で起きている。

不安定な政情のせいで、不正確な情報がすぐに噂として広まることもあった。例えば２００７年７月に、ＭＯＮＵＣのウルグァイア軍がゴマの空港に駐屯し始めた時、白人である彼らを、「本当はフランス軍ではないか」と市民が噂し始めた。１９９４年の虐殺に関与していたとされるルワンダ旧政権が、フランスから支援を受けていたことから、フランス軍がＦＤＬＲに再び支援をしに来たのかと疑われていた。このよ

コラム1 COLUMN 紛争地でなぜビール工場が守られているのか？

アフリカの紛争地数カ所を回って，1つの共通点があることに気がついた。それは大統領の公邸などは戦闘のターゲットとなり破壊されることが多いが，ビール工場は影響を受けていないことだ。ルワンダの虐殺のとき，市民は教会に避難し焼き打ちにあったが，もしビール工場に避難していれば助かっていたかもしれないと思うことがある（もちろん工場へのアクセスがあればの話だが）。

ビールは特に軍人にとって不可欠な飲み物のため，戦争中でもその工場は破壊されないのだろう。またビール会社は戦争の後援者であることも守られている理由として挙げられる。

うな噂が暴動に発展しなかったのはせめてもの幸いである。

デモもよくあった。ゴマや他の主要な町では、タクシーバイクの運転手や学生がデモを何度も率いてフラストレーションを発散していた。和平プロセスがなかなか進まない、和平をもたらすために来たMONUCが何もしていない、避難民は和平合意後に村に帰れると希望をもっていたのに状況は悪化するばかり、世界食糧計画（WFP）からの食糧援助が減らされる、友人が反政府勢力に殺された、と動機はさまざま。デモが起きると市内や郊外は封鎖され、われわれも時折身動きが取れなくなった。

ゴマには、南部にメタンガスが水中に溶け込んだ世界に数少ない「爆発性の湖」であるキブ湖が、北部に活火山がある。なぜこの自然リスクの両側にはさまれた所に、ゴマという街をつくったのだろうと不思議に思うことが何度もあった。ゴマの地底にもガスがあり、現地語のスワヒリ語で「マズク」と呼ばれる高濃度の火山性二酸化炭素ガスが噴出している危険な所も多い。マズクは地底にたまるので、子供やヤギなど背の低い者や動物が、ガスによって亡くなった例がよくあったそうだ。1994年にゴマに流入した難民の中には、キブ湖近くにある深い火山性の洞窟に避難したため、黒い岩から染み出てくるガスの被害に遭ったこともあった。

このような自然リスク以外に、ゴマの東部にはルワンダ、西部には反政府勢力という軍事的リスクにも囲まれ、人災と天災の両方に悩まされ続けてきた。ゴマはコンゴだけでなく、おそらくアフリカ大陸で一番の悲惨な土地といえるだろう。

1994年以来、10年以上にわたってUNHCRのフィールドアシスタントとして働いてきた現地人職員が1人いた。彼はルワンダ難民が1994年に流入する以前から、ゴマ近郊で人道支援に携わってきたベテラン。大量の難民の死を目の当たりにし、戦争中に反政府勢力に何度も脅かされ、火山の噴火で自分の家と持ち物が焼かれた。彼は身をもって、人災と天災の両方を経験している。彼が過去の苦労話をしてくれた時、彼に聞いたことがある。

「あなたはこんなところでずっと働いて、よく気が狂わないわね。」

そしたら彼は、冷静に答えた。

「もう限界はとっくに超えたので」と。

ピークを超えると、人間は精神が麻痺してどんな耐え難い苦難にも直面できるものなのだろうか。まさしく紛争の犠牲者である（避）難民は、限界すら訪れないまま、過去10年間にわたって恐怖の中で生きていたことになる。

註

（1）ロシア、カナダ、中国、アメリカ合衆国、ブラジル、オーストラリア、インド、アルゼンチン、カザフスタン、スーダン、アルジェリアに次ぐ大きさ。

（2）世界の汚職・腐敗防止のために活動する国際NGO。

（3）ルワンダ系住民とは、ルワンダ出身のすべての民族の移住者とその子孫を指し、200年前から最近までの移民・難民を含む。これらの住民はコンゴ全人口の5％以下で、中でもツチはコンゴ全人口の1

―2％にしか過ぎない。

（4）民族の定義は幅広いが、この本では個人や集団のアイデンティティを指す。

（5）残りの1％はトゥワ。

（6）バニャムレンゲ（「ムレンゲの人々」という意味）は民族名ではなく、南キブ州の高原に住むツチ系住民を指す。

（7）1994年の虐殺後、ルワンダで新政権を樹立したRPFは主にウガンダにいた元難民によって構成されている。ウガンダは英語圏で、政府の高官のほとんどが英語しか話せず、もともとフランス語圏であったルワンダは現在、英語圏に変わりつつある。イギリスの植民地でないにもかかわらず、2003年以来ルワンダは英連邦への加盟申請をし、2009年11月に加盟した。スワヒリ語は東アフリカ一帯で話されているバントゥー系の共通言語であり、コンゴでは東部のみで話される。

（8）ルワンダ、ウガンダ、ブルンジ、ジンバブエ、アンゴラ、ナミビア、チャド、スーダン、エリトリア、エチオピア、ソマリア、コンゴ共和国、南アフリカ、中央アフリカ共和国、ガボン、リビア、中国とアメリカ合衆国。

（9）コンゴの民間機はよく墜落すると悪評が高いのだが、それは船もトラックも同様で、荷物や乗客を積みすぎて転覆したり、転倒する事件が相次ぐ。

第2章　国内避難民の課題とジレンマ

私の担当地域であった東部の北キブ州には、避難民、難民と帰還民の3つの任務対象者がいた。それぞれの違いを簡単に説明してみよう。

1951年の難民条約は、難民を「人種、宗教、国籍のほか、政治的意見や特定の社会的集団に属するなどの理由で、自国にいると迫害を受けるか、受ける恐れがあるために他国に逃れた人々」と定義している。それ以外に、内戦や政治的迫害、自然災害などから逃れるため、国境を越えて他国に保護を求める人々も指す。私の任期中に、1994年以降いるルワンダ難民と、1972年以降いるブルンジ難民が北キブ州にそれぞれ約1万人と134人いた。避難民は、定住地を逃れ国外でなく国内で避難生活を送る人々で、北キブ州には約85万人いた。コンゴ全国に避難民が130万人いたので、その半分以上がこの州に集中していることになる。北キブ州の人口は約400万人なので、5人に1人が避難民になっていた。そして、帰還民は母国に帰ってきた元難民で、北キブ州にはウガンダやルワンダからのコンゴ人の帰還民は約2万人いた。

なお第5章で説明するように、在ルワンダの難民の国籍はコンゴ人かどうか定かでないため「難民」、また同様にルワンダからコンゴに帰還した元難民は「帰還民」と標記する。

私の任期中、任務対象者の中で人道支援機関が重点を置いたのは、人数の面で圧倒的に多い避難民である。1994年当時、ゴマ周辺には85万人のルワンダ難民がいたが、それから15年以上が経過して人道危機の「主人公」は同数の避難民にバトンタッチされたことになる。（避）難民は一般的に「かわいそうな人々」というイメージがあるが、コンゴ東部やルワンダ周辺にいた彼らの中には政治的あるいは軍事的色彩が濃い人々も多かった。そのため、彼らの保護は難問であった。本章では、任務対象者の移動先、難民と避難民への対応の違い、そして難しさを説明しよう。

任務対象者のさまざまな移動先

ゴマ市内在住のブルンジ難民以外の任務対象者、つまり、ルワンダ難民、コンゴ避難民や帰難民は、紛争中、あるいは平時にかかわらず、常に国内や国外へと移動している。北

北キブ州における難民と避難民の移動（2007年12月）

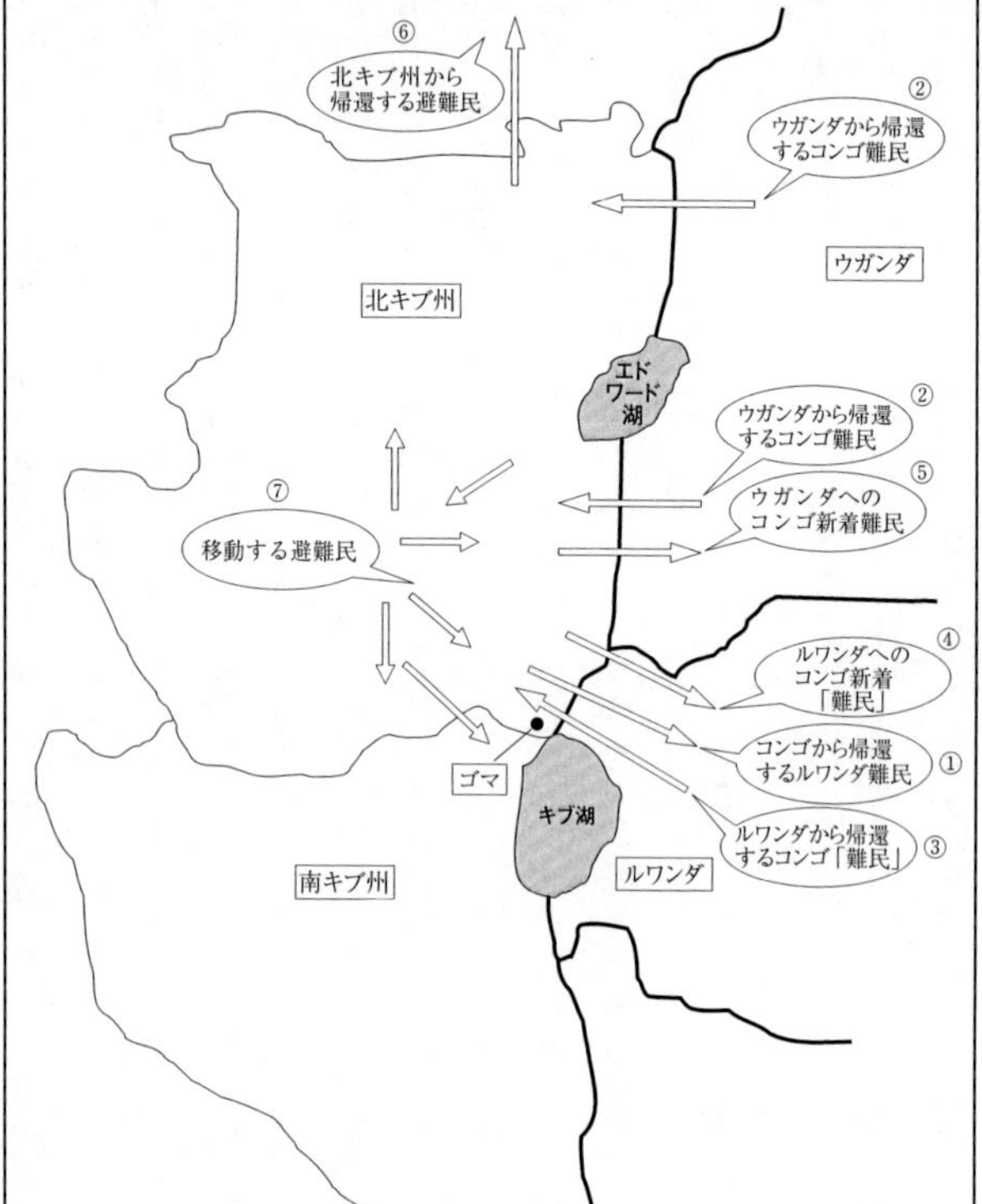

矢印が避難民，難民と帰難民のそれぞれの移動を示している。行き先も北キブ州内外や国境を越えたものとさまざまであり，移動の動機も集団によって違う。

出所：国連難民高等弁務官事務所（UNHCR）の地図をもとに筆者作成。

キブ州では左記のように、7つの動きが観察できる。

① コンゴからのルワンダ難民の帰還（UNHCRが支援）
② ウガンダからのフツ系コンゴ難民の帰還（帰還は自発的で、UNHCRは支援せず）
③ ルワンダからのツチ系コンゴ「難民」の「帰還」（帰還は自発的で、UNHCRは支援せず）
④ ルワンダへ逃げるツチ系コンゴ人の新着「難民」
⑤ ウガンダへ逃げる、主にフツ系コンゴ人の新着難民
⑥ 北キブ州から北部の他州への避難民の帰還（UNHCRが支援）
⑦ 避難民の移動（主に北キブ州内だが、州外の場合もあり）

UNHCRが推進している帰還は、安全が確保され受け入れ条件が整っている地域・国に対するものだけで、右記の移動のうち①と⑥の2つだけである。残りの5つの移動はすべて自然発生的であり、しかも大量の人々が移動するため、大混乱に陥る。UNHCRの任務はこれらの対象者の保護であるため、さまざまな人が同時に移動している時は、それぞれの身元（国籍と身分）を明らかにし、移動の動機（逃亡、避難や帰還）を把握した上で、適切に対応しなければならない。

例えばウガンダからのコンゴ難民の帰還は、難民キャンプで配給される食糧援助が減らされ、その上ウガンダ人から労働力としてこき使われる生活がいやになったというものである場合が多い。また軍事力の強化といった政治的、軍事的な理由で、コンゴ「難民」が武装勢力によって強制的にルワンダから帰還させられたなどだ（帰還に関しては第5章を参照）。コンゴにいるルワンダ難民のほとんどはFDLRと共存したり、FDLRの管理下で人質にされている。その「FDLR村」がコンゴ軍や他の武装勢力に襲われると、ルワンダ難民は混乱の中、避難民キャンプに間違ってたどり着くことがある。ある難民はルワンダへの帰還を希望していたので結局その手続きをとった。またFDLR関係者がルワンダに帰還する際には、PKO軍の国連コンゴ監視団（MONUC）[1]やルワンダ政府が行う虐殺者判定の審査を受けなければならないが、この審査を避けるため、文民のふりをして、他の難民に紛れ込んで帰還するケースもある。そのため、UNHCRは難民判定のための面談を重ねて行う必要がある。

人々の移動がこのような混乱の中で行われるため、コンゴ東部において将来の人道支援のシナリオを予想することはほとんど不可能であった。人道支援機関は、拠出国に資金を要請するため、通常1、2年先の将来像を描きながら計画を立てるのだが、1年先どころか明日がどうなるかもわからない状態であった。

国内避難民オペレーション独特の難しさ

難民と避難民の違いは、単に人が国外にいるのか国内にいるのかの違いと思われるかもしれないが、そんなに単純なものではない。難民と違って、避難民の支援には独特の難しさがつきまとう。

その理由として、第一に避難民の保護の問題がある。自国の保護を受けられない難民の場合、UNHCRが出身国の代わりに保護する責務を担う。UNHCRは受入国の政府と協力しながらも、難民の受け入れ、キャンプづくりや帰還といった、オペレーションのリーダー役を果たすことができる。

その一方、避難民は当該国政府の保護下にある。しかし、政府にその能力や意思がない場合、国連機関に依存することになるので、時折、国家主権に触れることになり微妙な問題を起こす。その例として、コンゴ警察のことを挙げてみよう。1994年につくられたルワンダ難民キャンプには、安全維持を担当するコンゴ軍がおり、UNHCRは彼らに手当てを支払っていた。難民が外国人であるため、コンゴ市民を守るという通常の業務以外のことに従事していたからである。しかし避難民は警察や軍と同じ国籍の住民であるため、避難民を守るのは従来の義務である。だから警察は本来なら一般の村と同様、避難民キャンプの安全維持も管理すべき義務を負っている。しかし警察は、「食事代が出ない限り、キャンプには行かない」とだだをこね、結局UNHCRがその食事代（1日1人につき3ドル）を警察に支給することになった。食事代を払い続けると、警察を「甘やかす」ことになるのだが、他に方法はなかった。PKO軍を置く選択肢もあったが、それは最後の手段として残しておきたかったからだ。

ただUNHCRが警察に食事代を支給できたキャンプは、UNHCRや行政そしてNGOのプレゼンスがあるところのみであった。避難民が自然発生的につくったキャンプが北キブ州内に50以上ある中で、後方業務、アクセス、安全や財政的な理由でUNHCRスタッフを駐在させることができず、したがって管理できないキャンプの方が断然多かった。当然そういうところでは警察も行政も本来の任務である避難民の保護を果たさなかった。

第二の困難として、避難民の登録が難しいことが挙げられる。キャンプにいる避難民に対して、事前の告知なしに1人1人に手輪をつけたりするなどの方法で登録は可能である。それでも登録日や援助物資の支給日になると、援助物資が目的でキャンプ周辺の村人が「避難民」に扮して現れるといった問題に必ず直面する。

それに対して、親戚や知人宅に身を寄せて疎開している避難民（次項参照）は、圧倒的に多数派で地方に散らばっている。ＵＮＨＣＲや他の機関が彼らを登録する余裕がないので、各地にある避難民委員会からの統計を信頼するしかない。

難民は出身地の安全状況がある程度確認された上で帰還するが、それに比べて避難民の移動は流動性が高く、出身地の状況が少しでも回復すれば、ただちに自主的に元の居住地に戻るため、同じ避難場所に長くとどまらない。また元の居住地への帰還も永久的なものかどうか定かではなく、畑仕事をするために村とキャンプ間を行き来する人もいる。

第三に、関係者間の調整の難しさが挙げられる。政府、国連機関やＮＧＯは、保護、キャンプ運営、援助物資、水・衛生や教育などの課題別に設置されたグループに参加しながら、避難民の支援に関わっていた。この課題別グループ「クラスター・システム」は、機関同士の調整や人道支援の効率強化のために２００５年に結成されたものだ。保護ならＵＮＨＣＲ、保健なら世界保健機構（ＷＨＯ）、教育ならユニセフなど、国連の担当機関が各課題別グループの議長を務めていた。

ところがゴマのように、「人道支援の町」（第9章を参照）では、人道支援者が大勢いるだけでなく抱えている問題や課題も多く、調整に時間を食われることが多い。人材育成や開発を重視する国連開発計画（UNDP）に対してWFPは「（教育で使う）鉛筆より食べ物の方が大事でしょう！」と反論するなど、どの分野に優先順位を置くかなど、なかなか合意がとれなかった。人道支援機関の業務がますます断片化し、官僚的になってしまった感じだ。会議も数多くあったので、「同じような目的の会議をまとめて会議の数を減らすことによって、フィールドでの活動にもっと集中できるのでは」と提案しても、「調整のための調整」だからできないといわれた。

国内避難民のさまざまな避難先

一口に避難民といっても、いろんなタイプがいる。避難先も親戚や知人の家に疎開している人が圧倒的で、残りは、空き地などに自発的につくったキャンプや国立公園内に不法に居住していた。避難生活の期間も、1993年からの「長年組」、2007年に新しく避難民になった「新避難民組」、1996年から約6回避難している「リピーター組」とさまざま。さすがに「リピーター組」は身も心もぼろぼろになり、やつれていた。

避難民の行き先も、民族によって完全に分かれることがある。北キブ州のマシシ郡には大きく分けて、フツ系とツチ系住民が共存しているが、フツ系避難民はマシシから30キロほど離れたゴマ近郊のキャンプに向かったのに対して、ツチ系の多くは村の近郊で避難していた。フツと混じること、あるいは家畜をもっているため遠くに行くのを躊躇していたためである。村の近郊が戦闘地となることが予想されていたため、われわれが安全な場所に移動するように助言しても、彼らは村にとどまったままだった。

疎開先では、1部屋を避難民1家族5人から7人で借りるのに、1日約1―2ドルの経済的負担がかかる。それなのに、なぜ疎開先を希望する人が圧倒的に多いのだろう。理由は2つある。第一に、農民である避難民の多くが疎開先の農地で自活できるというメリットがある。キャンプで食糧援助に100%依存するのではなく、農民としての、また自給自足で生きてきた人間としての誇りを捨てたくないのだろう。また北キブ州は土地問題があり、疎開先以外での農地の確保は難しい。ゴマ周辺にある火山のせいでその近くの避難民キャンプ内には、ごつごつとした溶岩石があちこちにあり、家庭菜園も十分にできない。

第二にもっと重要な理由として、避難民の最大の関心事でもある安全面が、疎開先の方が保証されているからだ。キャンプのような集合体は、武装勢力からの攻撃を受けやすく、少年兵の徴用の危険もあるなど軍事活動が盛んだ。集団生活を避ける人が多かったのは、1994年のルワンダ難民キャンプが軍事化された悪夢の記憶があったからであろう。

実際にあるキャンプでは、2008年にFDLRによる軍事化の問題が起き、避難民の死亡者も出た（次章参照）。また2007年の11月13日に、ゴマ市近郊にあるムグンガ避難民キャンプ（1994年にルワンダ難民キャンプが設営され、2002年の火山噴火の際に被災者が居住していた地でもある）がコンゴ軍に襲われた。反政府勢力との戦闘がキャンプにまで流れ込んだという説もあれば、数日前にそのキャンプに配給されたビニールシートが目当てでコンゴ軍が入りこんだという説もある。コンゴ軍がビニールシートを盗んだところを事件の当日に私も目撃した。この事件が起きたのは朝の5時ぐらいだが、その直後にキャンプ住民の99％が近郊に避難し、残っていた避難民の女性は、「私は自分の村から追い出され安全を求めてここに来たのに、ここでも襲われ、大事なビニールシートを盗まれて、一体これからどうすればいいの」と、嘆いていた。

UNHCRとしてビニールシートを即支給したい気持ちだったが、安全面を考慮して断念した。盗まれたビニールシートを警察が何枚か押収したので、UNHCRに返却するよ

避難民女性と話す筆者。「逃げ回って疲れている。夜は家で寝ていると，いつ武装勢力に襲われるかわからないので，森に隠れている」と話していた。

うに依頼したが、結局1枚も返却されなかった。

キャンプにも疎開先にも行かず、リスクをとりながら村に残っている人たちもいた。彼らは、キャンプに行けば軍人に襲われるかもしれないと心配するだけでなく、疎開先でも寝るスペースがなかったり、疎開先で部屋を借りるだけの経済的余裕もないため、どこに避難すればいいのか迷っていた。彼らの日常生活といえば、昼間は畑仕事をし、夜は森の中に隠れて寝ること。森には蚊やへびもいるので、静かに安心して寝ることはできない。しかし、家にいると武装勢力が襲ってくるかもしれないので、森の方がまだましだという。ウガンダ国境の近くの住民は、夜は国境を越えてウガンダ側で過ごし、朝になるとコンゴ側に「通勤」するという生活をしていた。

ある時避難民の出身地の村を通ると、ゴーストタウンになっていた。外国人、特に私みたいなコンゴ東部では珍しい東洋人が村を訪ねると、必ず子供たちが元気に手を振ってくれたり、「ボンジュール、ムズング（現地語で外人という意味）」「キャンディ（あるいはビスケット）ちょうだい」と声をかけてくるのが典型的な村の光景だ。しかし無人村は気味が悪いぐらい、ひっそりしていた。村人が誰1人おらず、避難民が残した大きな家財道具も、軍人に盗まれたのか家の中が空っぽになっている。草もボウボウと伸び放題。この地域は土地が肥えて「国のパンかご」としても有名だが、畑が放棄されてなんとももったいない。農業で十分自立できるのに、WFPの食糧援助に頼らなければならないのだから、何とも矛盾した話だ。

キャンプ地選定の難しさ

避難民の数では疎開する人と避難民キャンプにいる人の割合はもともと9：1だった。その割合が2007年8月下旬に再燃した内戦後、7：3に変わった。新しい避難民が急増し、疎開先での避難民の受け入れ能力が低下し、学校や教会などの公共施設に住み込む人々が増えたためである。学校に避難したばかりの避難民は身体に巻く毛布も布もなく、教室の中に積み上げた草の上に寝ながら、「私たち牛のようね」と冗談を言い合っていた。9月に新学期が始まるにあたって、学校から避難民を移動させるために、キャンプを設営することに行政と合意したのはいいが、そこにはさまざまな課題が待っていた。

キャンプ内で配布する援助物資が避難民を惹き付ける要因になるので、もともとあった「疎開文化」が崩れることになる。したがってキャンプをつくることはよくないと、国連やNGOがUNHCRと行政を非難した。しかし現状は疎開先の受け入れ能力もいっぱいで、学校や教会にもこれ以上迷惑をかけられない。他に選択肢はなかった。

避難民が安全に暮らせるキャンプを設置するための場所選定は、非常に難しい問題の1つである。通常のキャンプ地であれば、水源地に近く、安全や環境保全を確保できる場所を選ぶ。しかし北キブ州の1/3を占領する国立公園と、コンゴ軍や反政府勢力が駐留する軍事ゾーンの両方から一定の距離がある場所を探すのはほとんど不可能であった。このようなハンディがあるため、キャンプ選定に関しては政府の対応も遅かった。また、安全な場所ならどこでもいいわけでもなく、いつでも村に帰れるように避難民は村から近いキャンプ地にとどまりたがる。自分の村で畑仕事をしたり、村の安全状況を調べるために、危ないとわかっていても時折家に帰るからだ。

安全面や水の配給など完璧な条件がそろわない中、UNHCRはかろうじて最初の避難民キャンプを2007年9月につくり、その後さらに4カ所にキャンプを設営した。また、避難民が自発的につくったキャンプ10カ所に、行政、警察、UNHCRやNGOの存在を置き、避難民への保護や支援能力を強化した。

2007年9月以降、ゴマの北70キロにあるルチュルという町の近郊では、約3万人の避難民が公共施設21カ所に住み込んでいた。教会、学校、病院、サッカー場はどこも避難民で埋まっていたので、墓場までが避難民地として使われたほどである。十字架はなかったものの、ビニールシートに包まれた小屋の下に死体が埋まっているのかと想像しただけで、ぞっとする。地元政府と共にキャンプ地を探し回り、キャンプの候補地6カ所が次々と挙げられたが、どの候補地もあきらめるしかなかった。その理由はさまざまだった。

① ある候補地は私有地となっており、膨大な賃貸料をUNHCRに求めてきたこと（基本的に、UNHCRは国有地に（避）難民キャンプを建てる）

② MONUC軍基地の隣に位置しており、インド軍があまりいい顔をしなかったこと

（これに対して、コンゴ政府も強く対応しなかったことは遺憾である）

③　マラリアが多く発生する土地であったため、避難民自身が移動を望んでいなかったこと

④　1994年当時、ルワンダ難民キャンプとして使用されていて、水源地もあったが、現在コンゴ軍支配地と反政府勢力支配地にはさまれ、戦闘地になる可能性があったこと

このように避難民を公共施設からキャンプに移したくても、地方政府が適切なキャンプ地を見つけることができなかったため、約1年間公共施設に待機させられている避難民が約5万人いた。土地不足の問題に関しては、国立公園に不法に居住している避難民もそうであった。世界自然基金（WWF）などの自然保護団体は、避難民を国立公園外に出して新しい土地に住ませる計画を立てたが、肝心の安全な移転先が見つからずにいた。

註

（1）1999年からコンゴで行われている世界最大の国連平和維持活動（PKO）には、2009年8月時点で1万7千人が従事している。国連軍以外に、人権、文民警察、政治部門などのスタッフも含まれている。MONUCの現代表はイギリス人のアラン・ドス氏である。MONUCは、民間人保護のために兵力の使用が許されるという国連憲章第7章に基づく権限を有する。

第3章　一般市民が恐れる人権侵害

紛争に必ず付きものなのが、略奪、徴収、徴兵、強制労働、強制移動や性的暴力といった一般市民に対する人権侵害である。無政府状態に近い中、刑罰がないのをいいことに、人権侵害が好き勝手に行われている。

忘れてならないのは、紛争は（避）難民といった犠牲者だけでなく、人権侵害者や戦争犯罪人も同時に生み出していることだ。戦争犯罪者が町中を自由に闊歩する国では、一般市民が安心して生活できるはずがなく、罪の償いなしには持続的な平和は絶対に来ない。しかし紛争国では人権や司法制度があまりにも軽視されている。J．カビラ大統領とメンデ情報大臣のあるコメントがそれを物語っている。オランダ・ハーグの国際犯罪裁判所（ICC）にある戦争犯罪者を引き渡す件（あとがきを参照）に関して、「司法による正義（裁判）より、『安全と平和』（＝見かけだけの政府や軍の形成）を優先させるため、近い将来に引き渡しを実行することはないだろう」と説明したのだ。日本を含む国際社会は、人道的対応を重視する傾向があるが、人権侵害者への法的対応も同様に注目するべきである。

本章ではまずコンゴ人の人権侵害への諦めと慣れの文化、そしてさまざまある人権侵害の中でも性的暴力と子供兵の問題に焦点を当てたい。

人権侵害への諦めと慣れ

コンゴ東部の人権侵害の多くは、資源の採掘現場周辺で起きている。コンゴ軍や武装勢力が資源の搾取のために、暴力を振るいながら一般市民を奴隷労働者扱いしている。その資源を売った資金で武器を買い、兵力が増すことによって鉱物地域への支配をますます強化することができるようになる。資源の採掘場以外でも、人権侵害は起きる。学校、市場や畑といった日常的に出かける場所や、戦闘から逃れるために村から避難先へと長い道のりを移動している途中で、検問所で軍人に税金の徴収をされたり、誘拐されたり、運んでいた日用品が略奪される。女性たちは避難民キャンプ内でも強姦され、子どもたちは武器や水の運搬を強制的に手伝わされる。

人権侵害の加害者の多くは、コンゴ軍や反政府勢力などの軍人である。本来、一般市民の安全を確保するのがコンゴ軍の役目である。しかし兵士の多くは訓練や研修の不足、給料の不定期な支払いや未払いなどの理由から士気が低く、検問所などで市民から不法に徴収する以外に自活する手段がないのだ。コンゴ軍には汚職や規律の問題があり、兵士の数を水増しすることによって、幹部が「ゴースト兵士」の給料をそのまま着服することも珍しくない。また兵士が昼間の任務中に酔っ払いのように、若い女性の肩に手をかけてふらふらしながら歩いたり、少年に木の自転車で武器を強制的に運ばせる姿もみられる。

このようなコンゴ軍の悪評は今に始まったことではない。1960年代にチェ・ゲバラがコンゴの革命運動を手伝ったときも、コンゴ軍兵士はキューバでは考えられない行為を行っていたことは有名である。コンゴ軍兵士らが戦闘地で音楽をかけたり、戦闘の途中で休暇に出かけたり、妻子を戦闘地に連れてくる姿に、キューバ軍はあきれたという。残念ながらその習慣はまだ続いているのだ。

19世紀のコンゴ人がレオポルド王2世の圧政を恐れていたように、今のコンゴ人はコンゴ軍を恐れている。コンゴ軍以外にもう1つ忘れてはならない軍隊が、モブツ元大統領やL.カビラ前大統領の私設警備隊である。J.カビラ現大統領には、同じ民族出身者1万5千人の私設警備隊が全国にいるといわれており、ベンバ元副大統領も同様であった。そして、2007年3月には、両人の警備隊がキンシャサの街中で衝突し、戦闘を起こした。モブツ元大統領の警備隊にいたっては1991年と1993年の二度、キンシャサ内で略奪を起こしている。とにかくどの軍人も、皆やりたい放題なのだ。

コンゴでは、人権侵害を犯しても、事実関係を追跡する習慣がないのでまともな刑罰を受けることはほとんどない。そのうえ和平合意に調印すれば一夜で武装勢力が政党となり、戦争犯罪者までが政治家や軍隊の幹部に昇格できる。武装勢力にとってこんなにおいしい話はないだろう。その結果、コンゴという国家は犯罪人によって統治されていることになる。人権侵害は悪化し、被害者である一般市民は消耗し、国がますます元気を失うという悪循環が続いている。さらに悪いことに、解決をもたらさなければならないMONUC自身が、性的暴力やFDLRとの武器と鉱物の交換に関わるなど、問題の一部にもなっている。その上もっと恐ろしいことは、民主主義や平和の重要さを訴えている世界の政治家や国際機関の長が、批判を強くしないままこの異常事態を受け入れていることだ。これも「舞台劇」のシナリオに含まれているのだろうか。

暗殺されたルムンバ首相のように、他人のための犠牲的行為や人権侵害と戦うには相当の勇気とリスクを要するので、人々は諦めている。しかし、このような現状をコンゴ特有の「諦めの文化」や「非難しない文化」のせいにするだけでは話は済まない。というのは、このような人権侵害者は刑罰を受けないよう、そもそも「舞台劇監督」に守られているからだ。人権侵害者は秘密を明かさないことを条件に、コンゴ政府や国際社会によって守られているのである。

人権侵害への諦めだけでなく、「慣れ」もあるのではないかと感じたことがある。北キブ州の州政府の会議で州警察が安全報告をする時、最初に必ず「状況は平穏だが」と前置きしてから、「レイプや暴力事件が数件あった」などと続ける。同じ会議に出席していたわれわれ人道支援機関はその発表に対して、「それではまったく平穏とはいえません！」とよく抗議をしたものだ。しかしこれは仕方ないかもしれない。正常であるべき状況を身をもって体験したことがないので、人権侵害が蔓延している状態を「生活の一部」として受け止め、慣れてしまっているのだろう。

戦争の武器、性的暴力

性的暴力は古くから、戦争の武器あるいは支配と征服の手法として使用されてきた。性的暴力には、性的奴隷、近親相姦、家族やコミュニティーの前で行う集団レイプや性器を攻撃する行為が含まれる。コンゴの歴史において最初に性的暴力が記録されたのは、奴隷貿易の商船の中で女性が性的奴隷として使われた時だといわれる。

強姦によって被害者が死亡することもあるのに、その問題が虐殺の裏で影が薄かったのは、勝者自身が直接性的暴力に関与していたためだろう。ボスニア、シエラレオネ、ルワンダの戦争で起きた数多くのレイプで、有罪判決までもち込まれたケースはほとんどゼロだ。これらの戦争の後、国連安全保障理事会はようやく性的暴力を人道に対する罪として認めるようになった。

「女性や少女にとって、コンゴ東部は世界で最悪の場所だ」とICCが言明したぐらい、現地では残酷な状況が生まれている。性的暴力対策の調整を担当する国連人口基金（UNFPA）によると、1998年以降、推定20万人の女性と少女が性的暴力の被害を受けた。「正式」に戦争が終了して5年経った2008年だけでも、その数は1万6千件近くを記録した。被害者の65%は子供たち、特に思春期の女の子たちであった。夫や子供といった家族の前で、加害者2人以上からレイプされる場合もある。国内で報告されている性的暴力のうち75%が北キブ州で起きている。犠牲者の年齢も、3歳から70歳と幅が広い。

コンゴ東部では、さまざまな性的暴力の種類があり、数回犠牲になった人もいれば、木の枝、棒、びん、銃身や熱い石炭などが性器に挿入されるという身体的苦痛と屈辱を受けた人もいる。時には集団レイプの後、膣が撃たれることもある。東部では残酷にレイプされた女性を手術できる病院は少ない。ベテランの医者だと、傷口を診て加害者である武装勢力がわかるという。「集団によって、ナイフ、火、弾丸を使うなど特徴があるので、まるで体にサインをしているようなもの」だからだそうだ。

性的暴力の目的は何だろうか。人は殺されると苦しみはそこで終わるが、強姦の目的は精神的、肉体的に長期にわたって苦しませ、不名誉を与えることだ。一般市民に恐怖を植え付け、人間性を貶める破壊的な武器ともなる。トラウマを抱え、地元のコミュニティーから「不潔」と傷つけられ、結婚できなくなる女性もいる。それ以外に、強制的に住民を移住させる効果的な方法として、組織的な性的暴力のキャンペーンを行う場合もある。その結果、人々は感覚を失い、放棄された村々が残り、そしてＨＩＶ感染者が増加するのである。

武装勢力はまたそれぞれの目的を有している。マイマイは女性を強姦することにより、戦闘に強くなると信じている。その一方、東部で最強の反政府勢力で、ツチ系住民によって構成される人民防衛国民会議（ＣＮＤＰ）、そしてＦＤＬＲは、特定の民族あるいは政党に帰属コミュニティーを傷つける武器として使用している。

地方には裁判所がほとんどなく、証拠もろくに収集できず、被害者は裁判費用の40ドルを支払う経済的余裕がない。その上、被害者は加害者の名前を挙げなければならないが、加害者が兵士や武装勢力の人間である場合、それはほとんど不可能である。少女が性的なトラウマの経験をすると、将来売春婦になる可能性があるという。被害者が少年だと、将来加害者になるおそれがある。

レイプをしても加害者が逮捕されることはない。あるいは、加害者は刑務所に入れられても、すぐに釈放される。そういった性的暴力の対策として、われわれ人道支援機関ができることは限られていたが、司法制度の整備や犠牲者への医療、心のケアに従事した。また、調理用の薪探しのために女性が外出中に、軍人によって性的暴力にあうことが多いため、女性が日常的に使用する道をMONUC軍にパトロールしてもらう処置をとった。

性的暴力と環境と栄養の相互関係

性的暴力が起こった後の対策以外に、肝心の予防策はどうすればいいのか、同僚と模索し続けた。ある日、食いしん坊な私は避難民が料理しているところを観察している時に、数年前の私の母のコメントを思い出した。そして、性的暴力の問題に、環境と栄養の観点

薪集めのための外出中に，性的暴力にあう女性が多い。

から対応できることに気がついたのである。

ゴマ入りする数年前に私がキンシャサに勤務していた時、両親が訪ねてきたことがある。私のメイドが料理をしているところを見て、料理好きの母が言った一言をふと思い出したのである。

「野菜を随分、長い間煮込んでいるわね。どろどろになって栄養がなくなっちゃう。」

確かに、一般のコンゴ人の料理法を観察していると、サツマイモや食用バナナを小さく切らずに、そのまま鍋に入れて1時間近く煮たり、葉っぱがベトベトになるまで30分以上も煮ているのがわかる。栄養がほとんど消えてしまった状態だ。しかもふたを使わず、石を3つ置いた上に鍋を置き、薪からの煙がもくもくとたつ中で、周辺の人はゴホゴホとせきをしながら料理をする（次頁写

厳しい環境で料理をする避難民の女の子

真参考)。当然、健康によくない。人道支援機関や保健省による、栄養や公衆衛生に関する啓蒙活動は行われているが、料理方法に関する基礎教育はほとんどされていない。蓋をする、野菜を小さく切る、豆は一晩水につけておく、といった工夫をするだけで料理時間が短縮される。そうすると、栄養も十分維持できるだけでなく、使用する薪の量も減らすことができる、薪を探しに行く時間も減り、外でのリスクも減るなど、いいことばかりだ。避難民にそう説明すると、「そんなこと知らなかった。もっとそういう知識を教えて」とせかされた。

薪の採取は、避難民にとっても人道支援機関にとっても大問題だった。村の住民は庭や近郊の木の枝をとって薪として使ったり、木炭を購入できる。しかも自分の家ではしっかりと固定したかまどがあるため、少量の薪で料理ができる。しかしキャンプ集団生活者には仕事がなく、木炭を購入する収入がない。そのため薪探しは生活のために欠かせないことだった。人道支援機関は、性的暴力のリスクを減らしたり、自然を保護するために、山の奥で薪を大量に採取して、トラックでキャンプまで輸送し、避難民に配給した。しかし避難民女性はいつも「薪の量が足りない」とこぼし、山奥で薪集めを続けた。２００８年3月には薪用の予算が廃止されたためますます女性を危険にさらすことになった。

栄養改善の必要性に関して、キブンバ避難民キャンプの近郊に基地があったインド軍に話したところ、「ではわれわれの基地で避難民を呼んで、料理教室を開こうか」と提案してきた。偶然だがキブンバ周辺は水と火山灰に恵まれており、農業生産性は高く、あちこちに野菜市場がある。料理教室を行うのにぴったりの場所であった。インド軍はコンゴ市民のために英語教室を開いたり、レクリエーションのために避難民キャンプ内にバレーボール用のコートとボールを提供したりとボランティア活動に熱心だ。

ある日曜日、施設が整っているインド軍の基地の台所で、避難民女性20人を呼んで野菜を使った料理教室を開いた。もちろん、インド料理はコンゴ料理と違って数多くの独特なスパイスを使うので、コンゴ人の家庭料理としては使えない。しかし、教室の目的は野菜を使ったさまざまな料理法があること、また食料油を大量に使わずに健康的な料理法を見せることであった。例えばコンゴ東部では、天ぷらを揚げるかのごとくパンのチャパティをたっぷりの油で揚げるのだが、インド風のものは油を使わず単にフライパンで焼くだけだ。日本では料理、栄養、自然食に関して、雑誌から料理教室に至るまで情報は豊富にあるが、コンゴ東部では食材は豊富にあるものの、情報がない。料理にうるさいインド軍は基地に自家製のかまども設置しており、その作り方や使用法を避難民に披露した。女性たちは「こんな料理が簡単に、かつ素早くできるなんて。こんな教室は初めて。もっと教えて！」と興奮して喜んだ。

この栄養と環境と性的暴力の相互関係をフォローするよう、環境担当の同僚に言い残し、私は任期を終えて2008年7月にゴマを去った。その3カ月後にこのキブンバ・キャンプがCNDPによって襲われ、キャンプにいた避難民がゴマに向かって逃げた。そのの近くにあったインド軍もCNDPから追放される形で、ゴマに避難した。この料理教室以外にも、安全管理や教育関係のプロジェクトを通じて、私はキブンバ・キャンプの住民とはいろんな付き合いがあったので、その避難民がゴマに向かう映像を遠い東京からテレビや新聞などで見たとき、大変心が痛んだものである。彼らの無事を祈ると同時に、何ともやりきれない気持ちになった。

子供兵の徴用

子供（少年）兵とは、軍事活動のため強制的に動員される18歳未満の子供の兵士を指す。子供兵が多く用いられるようになった理由の1つに、武器の小型化だけでなく、子供兵は大人に対して従順で、何も考えずに平気で相手を撃つことができることが挙げられる。少女が徴兵される場合、兵士の「妻」の役目を果たし、性的虐待にあったり身の回りの世話などをさせられたりすることが多い。何しろ戦地に派遣されている兵士は家族や恋人から離れており、休暇を取って家族の元に帰る経済的余裕もないので、現場で性的欲求を満たすしかない。少年兵といい、少女兵といい、まさに「最高の奴隷」である。

貧困から脱するため、あるいは殺された家族の復讐などの目的で、自発的に子供兵となる場合もあるが、本節では誘拐されるケースを紹介したい。コンゴ東部の子供兵の徴兵は国内だけでなく、国境を越えてルワンダの「難民」キャンプでも行われていた（在ルワンダの「難民」に関しては第5章を参照）。学校や（避）難民キャンプのような集合体は徴兵には最適な場所であり、そのキャンプでツチ系住民のために戦っている反政府勢力のRCDとCNDPの仲間の「難民」が大勢いるのである。

ルワンダにある2カ所のコンゴ「難民」キャンプや都市部には、ツチ系コンゴ「難民」が計約5万人住んでいる。キャンプ内では政治的、軍事的な行動は禁止されているにもかかわらず、反政府勢力のRCDによるリクルートは2004年ごろに始まっていた。特にコンゴ国境に近いキズィバ「難民」キャンプにある青年協会は、コンゴにあるCNDPと密接に連絡を取り合ったり、CNDPのために寄付金を集めていた。CNDPのンクンダ将軍の妻も2008年7月に「難民」キャンプを訪れ、母親たちに子どもをCNDPに入れるよう啓蒙した。ある「難民」女性が、CNDPのリクルート活動で困っているという話をUNHCRに報告したところ、その翌日、その女性は他の「難民」から暴力を受けたという。それほどデリケートな問題なのである。

どのように子供は徴用されているのだろうか。UNHCR職員がいない平日の夜や週末を狙って、コンゴに活動拠点をもつCNDPがルワンダにある「難民」キャンプに入り込み、「難民」の青年に対してコンゴに帰ってCNDPで働くよう呼びかけていたという。例えば「牛の世話をしたら、100ドルをあげるから」と「難民」青年や高校生をだまし、コンゴに連れて行くのだそうだ。「難民」の若者、特に10年間「難民」キャンプ生活を過ごしてきた人たちは将来に不安をもっている。「将来、高等教育が受けられるのか、職には就けるのか、母国には帰れるのか、安定した生活ができるのだろうか。一生難民生活を送るのか」と。そのため、仕事や徴兵の話があればすぐに飛びついてしまう。

そして、CNDPに騙されていたことがわかる。コンゴに着いたとたんに、約束の金は渡されず、軍事基地でコックやポーターとして労働させられる。勇敢な青年は危険を冒して軍事基地の外に逃げ、MONUCやUNHCRに連れられて、家族がいるルワンダの「難民」キャンプに帰る。もし逃亡中に不運にもCNDPに捕まえられたら、処刑される可能性が高い。MONUCやUNHCRが何度もコンゴ軍や反政府勢力に徴兵をやめるように説得しても、「われわれはそんなことはしていない」と反論するだけである。UNHCRは国連本部を通じて、ルワンダにいる「難民」やルワンダ政府に啓蒙活動を続けているが、残念ながらほとんど効果はなかった。大変複雑な問題である。

第４章　国内避難民と難民の軍事化（武装化）問題

コンゴ東部では人権侵害に加えて、（避）難民の軍事化（武装化）という大きな問題があった。命からがら逃げてきた人々が集うのが（避）難民キャンプであり、（避）難民を危険にさらさないために、キャンプを軍事的色彩のない、かつ人道的性格のものにしなければならない。しかしキャンプには武装した軍人も含まれ、彼らが他の文民である難民たちを脅したり性的虐待を行ったり、非人道的な行為を繰り返すのである。ＵＮＨＣＲには非軍人化の任務もなければ能力もなく、武器をもたないＵＮＨＣＲ職員も（避）難民同様に危険にさらされる。

ルワンダ虐殺の首謀者が１９９４年にコンゴ東部の難民キャンプに入り込んだ際、難民の軍事化は大問題として取り上げられたが、これは決して新しい現象ではない。アフリカ南部で解放運動が盛んだった１９７０年代、各解放軍が難民キャンプに拠点を置いたため、南ア軍やローデシア（現在のジンバブエ）政府軍によって攻撃された。1980年代のカンボジア、アフガニスタン、エチオピア、ホンデュラス、ニカラグアにあった難民キャンプは武装各派の支配下に置かれ、戦車や重火器などの隠し場所や反政府勢力の後方基地として使われていた。1990年代にも、シエラレオネ、アルバニア、西ティモール、ブルンジの難民居住地が、民兵の徴用あるいは物資調達の場、解放軍の中継地、武装民兵の隠れ家として使用されていた。

以上からわかるとおり、大きな難民危機の15％が軍事化する傾向があるといわれる。難民問題を単に「人道問題」としてとらえるのでなく、難民問題が長期化しないよう、「安全保障の問題」としてみる必要がある。この章では、1994年当時と現在の軍事化の状況を説明しよう。

1994年当時の難民キャンプの軍事化問題

1994年のルワンダ難民の軍事化は、UNHCRの歴史でほとんど例がない大規模なものであった。大量虐殺の首謀者と共にコンゴ東部に逃げ込んだルワンダ難民は、ゴマ周辺にある多数の難民キャンプに住んでいた。難民キャンプとは名前ばかりで、実態はルワンダ政新権に対する軍事活動の拠点であり、ルワンダ侵入のための後方基地であった。虐殺首謀者が公然と支配するキャンプ内では、旧ルワンダの縮図であるかのように国の行政区分そのままにビニールシートの小屋が分かれていた。それと同時に、虐殺首謀者が定収入がある難民から「税金」を徴収するなどキャンプ内の経済も管理し、難民がルワンダに帰還しないように目を光らせていた。難民を利用して一種の「ニセ国家」を築いていたのである。

これらのキャンプの住民は虐殺首謀者だけでなく、ツチが主体となったルワンダ新政府によっても攻撃を受けた。ルワンダ新政府の軍隊がコンゴに何度か越境攻撃を仕掛けた際に、キャンプが二度攻撃を受け、33人が死亡した。

援助物資の配給も虐殺首謀者が組織し、人道支援機関を通して難民に対する自分たちの立場を強化していった。治安問題を懸念した国境なき医師団（ＭＳＦ）などのＮＧＯがキャンプから撤退する中、難民保護の任務を有するＵＮＨＣＲはそのままキャンプに居続けた。「女性や子供など正真正銘の難民を、さらなる危険にさらすことはできない」という理由からだ。

1994年当時の軍事化の様子を、緒方貞子元国連難民高等弁務官は次のように描写している。

「民兵を見分けるのは、…難しく、通常どこの難民キャンプにも存在していた。…難民キャンプ内の暴力と威嚇は凄まじい勢いで増加していった。…ザイール軍と難民、地元住民、警察の間で軋轢は絶えなかった。…旧ルワンダ政府軍は暴力をふるって難民や地元住民を支配しようとした。難民の間では救援物資を掌中におさめようとして抗争が繰り返された。姑息な緩和策がとられると状況はさらに悪化し、難民が殺されたり、嫌がらせを受けたり、脅迫されるケースが激増した。キャンプ内では、旧ルワンダ政府軍や民兵、キャンプにとどまる政治指導者らの威圧行為が救援活動を脅かした。[1]」

右記の様子は、以前のルワンダ難民から現在のコンゴ避難民に被害者が変わったこと、そして1994年当時はPKO軍が存在していなかったこと以外は、現状とほとんど変わらない。それどころか現在は、当時の旧ルワンダ政府軍や民兵以外に他の反政府勢力など関係者が増え、構造が複雑化してしまっている。

各避難民キャンプに「武器禁止」と書いた看板を設置したが，止めることはできなかった。

緒方元高等弁務官は、民兵や兵士の完全非武装化のために、国連安保理を通じて国際社会の介入を要請した。それにもかかわらず、リスクと損害があまりにも大きすぎるという理由で、国際社会の反応は優柔不断で冷たかった。そのため、モブツ元大統領特別警護隊でコンゴ保安隊をつくって、難民キャンプの安全確保に従事してもらった。もちろん、UNHCRが彼らに給料を支払ったのである。

軍事化防止の難しさ

1994年の教訓を得て、私はゴマでの勤務中は理論を実践しようとした。（避）難民グループがどのような人々で構成され、どのような特徴があるかなどの早期確認、戦闘員と殺人犯の分離や排除、不安定な国境地帯から離れた場所へのキャンプ移動[2]。しかし当然のことながら、言うは易く行うは難し。理論が実践できなかった背景には、以下の理由がある。

まず北キブ州の大半が戦闘地であったため、すでに地域が軍事化していたことだ。どんな田舎に行っても、軍関係者の姿を見ないことはなかった。避難民キャンプは刑務所ではないため柵がなく、コンゴ軍や反政府勢力が自分の家の庭であるかのようにキャンプを自由に出入りしている。だからキャンプが軍事基地から離れていても自然と軍事化してしまう。キャンプでは軍人は男性や少年に水運びをさせるなど強制労働者として扱ったり、女性に対しては性的暴力を行ったりした。

キャンプ内での避難民と武装戦闘員の分離は地元政府の仕事であり、避難民への聞き取り調査や登録にあたる。しかし軍人は時折文民の格好で入ってくるので、区別することは容易でない。まして避難民に混じっている戦闘員を見つけ出すのは、あまりにもリスクが高すぎてできない。戦闘員が自ら進んで武器を差し出さない限り、丸腰の行政官やUNHCR職員が武装解除させるのは不可能だ。

地方に派遣されるコンゴ軍に付き添う家族も、地元政府の許可なしに勝手にキャンプに住み込むことがあった。コンゴ軍の基地は前線に近いため軍人の家族は住めず、したがって基地に近いキャンプを「宿」代わりに使用していた。そのため、コンゴ軍が時折キャンプにいる家族を訪ねに来るので、「文民」の性格を守ることがますます難しくなる。

また、キャンプの場所を不安定な国境地帯から離そうにも、避難民自身が同意しないこともあった。自然発生的につくられたキブンバ・キャンプ（1994年には、ルワンダ難民が居住していた）の位置があまりにもルワンダ国境に近く、ルワンダ政府が「（自分の敵である）FDLRがいるのではないか。ルワンダを攻撃するのではないか」と恐れていた。また、コンゴ政府も同様に、「CNDPがこのキャンプにいるのではないか」と懸念していた。CNDPはルワンダ政府から支援を受けており、ルワンダに向かう通り道にこのキャンプが位置しているため、隠れ基地として使うこともできたのである。

幸いにこのキャンプは軍事化しなかった。しかし、その予防策として、国境地帯から離れたところにキャンプを設置したらどうかと避難民に提言したことがある。すると彼らは、「このキャンプが自分の村から近く、時々様子を見に村に帰りたいので遠く離れたくない」「ここは天候が涼しいから過ごしやすい。ここから離れると暑くなるので、移動は嫌だ」と強く反論したので、われわれも移動を強制できなかった。

その他、明らかに軍事化しているキャンプでリスクがあると知りながら、避難民がキャンプにとどまっていたところも多い。いつでも帰れるように故郷の近くにいたかったからだ。避難民が自発的につくったキャンプの隣にたまたまコンゴ軍基地がすでにあったり、あるいはなくてもキャンプの隣に「避難民を守るため」という名目で、コンゴ軍が基地を移す場合もあった。そういうキャンプで人道支援機関が援助物資を配給すると、翌日には兵士の略奪が始まる。避難民たちも「物資は欲しいし必要だが、兵士に襲われたくないのでもう物資をもってこないでくれ」とわれわれに頼むほど、恐怖の中で生活をしているのであった。

1994年の軍事化の問題が、13年後の2007年に現れることもあった。当時国際赤十字委員会（ICRC）は、難民キャンプとは別に虐殺首謀者を集めて軍人キャンプを建てた。その同じキャンプ地に、2007年に避難民キャンプを再建した時のこと。元軍人キャンプであったブレンゴ・キャンプで、ボットン便所の穴を掘っている際、小型武器の隠し場所を見つけた。地元の人によると、1994年だけでなく第1次や第2次コンゴ戦争の際、ブレンゴが小型武器の隠し場所として使われていたらしい。

ＵＮＨＣＲは、政府、市民団体、コンゴ軍や武装勢力などを対象に、キャンプの非軍事的・人道的性格と、避難民保護に関する啓蒙活動を続けた。また各キャンプにおいて、「武器禁止」という看板を設置した。その活動は大変評判がよく、多少軍人の姿がキャンプで減った時期もあったが、残念ながらキャンプの軍事化はやむことはなかった。キャンプに常勤している警察は軍事化の問題を認識していても、軍人に注意ができなかった。せめて軍人がキャンプに入る際、武器を警察のポストに預けることを義務付けようとしたが、不可能であった。一般市民と同様に警察も無力で、不規律と悪評の高いコンゴ軍に反論すると危険なため、恐れて何もできなかったのである。

国内避難民と反ルワンダ勢力との関係

ＵＮＨＣＲが管理していた避難民キャンプ13カ所のうち、キニャンドニ・キャンプは一番軍事色が濃かった。以前からこのキャンプはＦＤＬＲの通り道として使われており、キャンプ内にＦＤＬＲ兵士がいるとの噂があった。そのＦＤＬＲ兵士を標的にするために、コンゴ軍はこのキャンプを襲撃したいとＵＮＨＣＲに忠告した。われわれは「キャンプには文民の避難民がいるのだから、その人たちを犠牲にしてはならない」と主張し、襲撃の代わりに、ＦＤＬＲを見分け彼らをキャンプから追放することを提案した。

そんなことを話し合っている間、２００８年4月24日にそのキャンプである事件が起きた。ＦＤＬＲがキャンプ内外の家を襲い、その翌日、彼らはキャンプ駐在の警察によって逮捕された。そしてＦＤＬＲとの戦闘中に、警察の小型武器３丁と警察の制服がＦＤＬＲによって盗まれてしまったのである。

その日の午後に、ＦＤＬＲからの脅迫の手紙がＵＮＨＣＲ事務所に届いた。

「われわれの仲間が警察に捕まえられた。キャンプでの警察の存在が気に食わない。これもＵＮＨＣＲのせいだ。よって72時間以内に出て行くことを要請する。さもなければＵＮＨＣＲの事務所を襲う。」

ＦＤＬＲを逮捕したのは警察なのに、なぜＵＮＨＣＲに脅迫状がきたのか。ＵＮＨＣＲが警察にキャンプに常駐するようにお願いし、警察の食事代や道具（笛、レインコート、毛布や台所セットなど）を支給していたため、外部からはＵＮＨＣＲが警察を「雇っている」ように見えたのかもしれない。また警察は何かあるとＵＮＨＣＲの安全管理担当の同僚に報告していたので、上下関係があるように勘違いされていたのかもしれない。

安全管理担当の同僚とMONUCのインド軍に、その脅迫の手紙が本物なのか調べてもらった結果、偽物であることが確認された。よって、UNHCRの活動はそのまま続けた。しかしこの事件で現場にいた同僚が精神的に相当まいってしまい、家族と共に数日休養をとるよう手配した。


この事件後、他の人道支援機関から「UNHCRが警察に食事代を払うから、こんな事件が起きた」という非難を浴びた。「避難民を保護するのはそもそも政府の責任なので、警察がキャンプの安全確保にあたることは当然であり、食事代を払う必要はない」というのが、他の人道支援機関の見解であった。確かに一理ある。しかし避難民キャンプができたばかりの頃、UNHCRが食事代を払わなかったため警察が「お腹をすかして」キャンプから出て行ってしまったことがあるのだ。コンゴ政府といい警察といい保護をする能力も士気もないので、UNHCRがその手伝いを一時的にせざる得なかった。

この事件が起きる前から、警察への支払いについてUNHCR内では何度も話し合った。キャンプの数が増え続ける中、UNHCRはいつまで警察に食事代を払えばいいのか。支払いは警察1人1人に行ってきたが、警察署長、あるいは行政府にまとめて払った方が、UNHCRと警察の関係が目立たなくなるのではないか。しかしそういう支払い方法では、汚職がひどいコンゴで、果たして警察1人1人に届くのかなど結論はなかなか出なかった。

警察側は「治安がひどすぎるので、キャンプを全部閉鎖すべきだ」と言ってきた。キャンプ内に入ってくるコンゴ軍や反政府勢力に太刀打ちできない現状であったため、彼らの気持ちはよくわかる。しかしキャンプを閉鎖すると避難民には行く場所がないので、それもできない。

スーダンのダルフール地方で働いた経験がある同僚は、次のように話したことがある。
「ダルフールの方が白黒がはっきりしていて誰が誰であるかわかったが、コンゴ東部では皆が相互にそれぞれ関係しているため、複雑で誰を信じていいかわからない」

確かにそのとおりである。FDLRと避難民がどれくらい親密なのかは定かでない。またコンゴ政府は否定しているが、FDLRがコンゴ軍の軍服を着ていたり、合同で資源を搾取したりCNDPに対して戦闘するなど、協力関係にあることはよく知られている。同盟関係にあるといえばCNDPとルワンダ政府もそうである。コンゴ軍に統合せず、CNDPに近いと思われていた軍人の1人が、一度ルワンダ政府軍の軍服を着ていたことがある。しかも在ルワンダのルワンダ軍の軍服でなく、ダルフール地方に派遣されたルワンダ軍のアフリカ連合（AU）の軍服である。そんな特殊な軍服が、コンゴ東部のブラックマーケットで売られているとは思えない。どこから手に入れたのかと聞いても、その人物はごまかし笑いをしただけである。

国内避難民キャンプの襲撃

その脅迫事件があった1カ月後の6月4日に、上記のキャンプはFDLRによって攻撃され、避難民11人が死亡、NGO職員2人が大怪我をするという事件が起きた。

6月5日が世界環境デーであったため、その日はキャンプで環境に関する啓蒙活動が行われていた。その群衆にFDLRがいきなり入って来て発砲したのだ。4月の事件の報復なのか、人道支援者の中でもUNHCRを狙ったらしい。私の同僚はたまたまUNHCRのロゴ入りのTシャツを着ていたので、急いでそれを脱いだ。そして近くにいた避難民の女性にパンニャ（コンゴ風の布）をかけてもらい、彼女の小屋に連れていかれ、そこで隠れていたという。そのおかげで同僚は無事だった。隠れている間、彼は自分の身の安全について、携帯電話からいろんな人にメールを送った。

早速翌日、私は安全管理担当の同僚と現場に飛び込んだ。同僚、行政官やNGO職員が皆しゅんとしているのを見て、彼らにねぎらいと励ましの言葉をかけた。事件の現場にいた同僚は、最近雇われたばかりの新人だった。しかも、その数週間後に結婚する予定になっていて、精神的に混乱していた。私の責任ではないにしろ、UNHCRに入っていきなりこんな思いをさせてしまって、申し訳ない気持ちでいっぱいだった。彼は、「確かにこんなに怖い経験をしたのは初めてだけど、同じようなことは以前NGOで働いていたときにもあったし、多少慣れている」と、声は弱々しかったがいつもの笑顔を絶やさずに言ってくれたので、多少救われる思いだった。

早速、事件が起きたキニャンドニ・キャンプを訪ねた。会う避難民1人1人に、「ポレ・サーナ（気の毒に）」と声をかけるのが精一杯であった。

殺された避難民の遺体は、バナナ畑の一角に土葬された。即席で作られた墓らしく、土が盛り上がっていて十字架はなかった。その横で亡くなった男性の若妻が赤ん坊を背中に抱えながら立っていた。かわいそうに、まだ何が起きたのかよく理解していないようであった。

実はこの事件があった2日後に、私は在コンゴ日本大使をこのキャンプに案内する予定だった。もしこの事件が2日後に起きていたらと想像しただけでも、ぞっとする。そのキャンプ内のUNHCR事務所には「日本からの寄贈」というシールが張ってあり、その横に事件で発砲された弾丸の跡2つが生々しく残っていた。

キニャンドニ・キャンプにお見舞いに来ていた郡長や地方議員に会った。彼らは避難民にお悔やみの言葉を掛けた後に、郡長が避難民に対して演説をした。「殺された避難民は計4人で…」と述べた時、隣にいた同僚が叫んだ。

「11人も殺されたんだ！　それを知っているくせになぜ本当のことを言わないんだ！」

彼によると、死者数を少なくすることにより、犠牲者の命を守ることができなかったコンゴ軍や警察の能力の低さをかばおうとしたのである。確かにそのキャンプの近くにコンゴ軍基地があるにもかかわらず、軍は事件の現場に着くまでに時間がかかり非難を浴びた。

ゴマから来た地方議員の代表は、避難民に対して、

「ここにいるより自分の村に帰ったほうがいい。そのために人道支援機関が交通手段などを提供してくれるから」と述べたのであった。

避難民は村が危険なので選択肢もないままキャンプに来ているというのに！　いくら危険があるキャンプとはいえ、村にいるよりまだましなのだ。何と無神経なことを言うのだろうと、私や同僚、地元行政官は憤慨した。避難民は他人に言われなくても、出身地の村に市場、学校、教会や畑など動き回れる自由が十分にあり、そして外出の恐怖がないと肌で感じた時、自然に村に帰るものだ。

コンゴの政治家は国際社会に対して「もうコンゴ東部は安全だ。だから投資をしてくれ」とアピールするために、早く避難民に村に帰ってもらいたいと望んでいる。要するに、避難民は政治家にとってやっかいで迷惑な存在なのだ。犠牲者の痛みを理解しようとしないこの態度は虚しいことだ。

註

（1）緒方貞子『紛争と難民　緒方貞子の回想』集英社、２００６年、２３３―２３５ページ。

（2）１９６９年のアフリカ統一機構（ＯＡＵ）難民条約は、「庇護国は安全上の理由のため、できる限り難民をその出身国国境から相当な距離を置いて居住させるものとする」と明記しており、特に具体的な距離について言及はしていない。

第5章　困難な難民の帰還

難民の解決法には、祖国への帰還、避難先での定住、そして第三国再定住の3つがあるが、一番望ましい方法は帰還である。Home sweet home――すなわち、母国が恋しく帰りたい気持ちは万国共通だ。パレスチナに生まれ育ち、幼女の時からヨルダンで難民生活を強いられているパレスチナ人女性ライラ・カリードは1969年に飛行機でハイジャックしたが、その動機を「陸路で自分の生まれ故郷に行けないので、せめて上空から見たかった」と説明している。祖国への想いはそれほど強いのである。

これまで私が関わったUNHCRの仕事を振り返ると、一番楽しかったのは難民の帰還に携わった時であった。帰還先でバラ色の生活が待っているわけではないが、何しろ将来の期待と夢がある。難民の元気でハツラツとした顔を見るのは嬉しいことであった。

それまで私はアフリカの数カ国で難民の受け入れや帰還に携わってきた。新着難民のた

コンゴ東部から母国に帰還するルワンダ難民。13年の地獄のような「旅」の後なので，大変疲れきっていた。（写真提供：下村靖樹）

めに難民キャンプをつくって難民の保護や支援をし、政情が良くなったら母国に帰還させるか、そのまま受入国か第三国に定住させるといった解決の手伝いをしてきた。解決策が見つかるまで、難民キャンプや受け入れ村、もしくは都市の1、2カ所で難民生活を過ごすのが普通だ。それに比べると、コンゴ東部の難民の帰還は政治的でやっかいであった。本章では、コンゴ在住のルワンダ難民とルワンダ在住のコンゴ難民の帰還を紹介したい。また最後に、UNHCRの直接の任務対象者ではないが、UNHCRが時折扱っていた特例についても触れたいと思う。

ルワンダ難民の命がけの帰還

帰還事業は単に(避)難民をキャンプから故郷へ輸送するという物資や交通手段の調達を意味するわけではない。故郷で人間らしい生活ができるように、行政や基礎的インフラの存在、そして衣食住と安全へのアクセスといった最低条件の整備は欠かせない。これらは完全に人権の問題である。地方にほとんど足を運ばない政府役人や国会議員はそんなことを知らずに、よくUNHCRに「なぜ(避)難民を帰還させないのか」と聞いてくる。

「帰還させるって…村長などの行政関係者や警察がいない村にですか? それでは、誰が市民を守るのですか?」

「…」といった会話を何回交わしたことがあるか。

戦闘地から逃げて(避)難民になるのは一般市民だけでなく、地方の役人もいる。彼らも恐怖で村に帰れないのだ。たとえ(避)難民の帰還を促進したとしても、出身地で民族対立、土地の所有、家の占領、武装勢力による支配といった問題があれば、結局、帰難民なら避難民、あるいは、すでに避難民であれば再び避難民になるだけだ。それを避けるためにも帰還に関しては慎重でなければならない。

コンゴ東部にいるルワンダ難民の状況は大変複雑だった。彼らが1994年にコンゴ東部に「逃亡」したのは、虐殺首謀者が自分たちの「敵」であるルワンダ現政権から逃げるために、市民を「人間の盾」のように使ったからである。虐殺首謀者は市民に混じって隠れ、市民を前に押し出す形でコンゴ東部に着いた。つまり彼らの国外脱出は自主的なものではなく、逃げる理由がなかった市民を「人質」にすることで、虐殺首謀者は市民から「保護」されていたのである。それだけではない。虐殺首謀者は、ルワンダ銀行の資産の大部分と国営交通機関の車両の大半を国外にもち出すなどしていたのである。コンゴ東部の難民キャンプでは、民兵や旧ルワンダ政府軍の支配の下に、難民は恐怖の毎日を過ごしていた。

1996年の第1次コンゴ戦争中には、現ルワンダ政府軍の敵である旧ルワンダ政府軍や民兵が難民キャンプに隠れているという口実で、キャンプはルワンダ政府軍とコンゴ反政府勢力によって攻撃された。これに伴い多くの難民がルワンダに帰還したが、虐殺首謀者に人質にされる形でコンゴの奥地に逃げ込んだルワンダ難民もいた。その逃亡中に、ルワンダ政府軍やコンゴ反政府勢力に殺された人々も数万人いた。その後数年にわたってコンゴ国内を逃げ回り、隣国のコンゴ共和国や中央アフリカ共和国に定住した人もいるが、コンゴ東部各地の村々にいる難民は、未だ虐殺首謀者らによって人質にされ続けている。

コンゴ東部にいるルワンダ難民の多くは、ルワンダへの帰還を希望している。しかし、FDLRの配偶者や子供は帰還する自由がない。FDLRがルワンダの現政権と和解していないためである。したがって、FDLR関係者はルワンダには帰れず、ある意味で「人質」にされているFDLRの家族もコンゴに居残るはめになっている。通常UNHCRは帰還に際し、難民に対して帰還に関する啓発運動をする。その後、帰還希望者に対して登録や検診をした上で、トラックやバスなどの交通手段を準備して母国へ連れて帰る。しかしコンゴ東部にいるルワンダ難民の場合、彼らの帰還先の村に治安やアクセスの問題があるため、行政関係者だけでなく国連やNGOもそこへ行くことができない。そのためラジオを通じて、あるいは難民が行きそうな市場で、帰還に関する啓蒙活動を行い続けるしかない。

ルワンダ難民によると、自分の住む村から離れた市場（週1、2回のみ開くものが多い）へ行くときも、FDLRからの規制があるという。難民の家族に子供が2人以上いる場合、母親は子供を1人しか市場に連れて行くことができない。もし子供全員と外出したら、そのまま逃げてルワンダに帰ってしまう可能性が高いからだ。同様の理由でFDLR

支配地域からの外出も、なかなか許可がおりないという。

　難民が自主的にFDLR支配下の村から脱出できるように、北キブ州にUNHCRの集合所を7カ所設けていた。難民は最寄の集合所に着いた後、ゴマにあるトランジット・センターにUNHCRのトラックで連れて行かれる。集合所が見つからないときは地方にちらばっているMONUCの軍基地に行き、MONUCがUNHCRのトラックを要請する場合もある。時にはルワンダへの無料の交通手段としてUNHCRのトラックを活用する「ニセ難民」もいるので、しっかりと面接をする必要がある。そこでルワンダ難民だと確認できれば、帰還の手続きをする。難民のほとんどが女性と子供である。成人の男性の場合FDLR兵士である可能性が高いので、検査は一層厳しくなる。

　帰還のトラックの中では、難民はホッとしているのか疲れきっているのか、ほとんど沈黙状態だ。「国に帰るのは楽しみですね」と声をかけても、「ええ」と一言答えるだけで不安そうな顔をしている。トラックの中で、歌ったり手をたたきながら喜びを表現していた他の国籍の難民とは大違いだ。ルワンダ難民の村からの脱出と帰還は、まるで脱北者のように危険をはらんでいるのだ。

あるルワンダ難民女性の帰還の夢

北キブ州の中で一番孤立しているワリカレ郡で、あるルワンダ難民女性、マリアン（仮名）に会った時のことに触れよう。それまで私はゴマにあるトランジット・センターか、地方にある集合所でしかルワンダ難民と会ったことがなく、村で難民に会うのはワリカレ郡が初めてであった。上記のように、難民はＦＤＬＲに「人質」にされているため、難民へのアクセスが大変難しいからだ。

ワリカレ郡はジャングル地帯で、上空から見るとブロッコリーが密集しているかのようだ。ここは携帯電話、ノートパソコン、ゲーム機などの電化製品に欠かせない、コルタンというレアメタルが豊富である。ＦＤＬＲがここを集中して支配下に置いているのは、このコルタンが目当てだ（詳細は第7章を参照）。空港がないワリカレ郡では、第２次コンゴ戦争が始まった１９９８年から、舗装路が滑走路代わりに使われ、小型機でゴマやルワンダにコルタンを輸送していたそうだ。その舗装路は途中まで直線なのだが、その後迂曲するので、小型機を操縦するには高度の技術を要する。モブツ元大統領の「自分でやりくりせよ」という憲法15条が、こういう形で実現されている。マリアンが住む村には地元のコンゴ人もいるが、ＦＤＬＲによって支配されているためにコンゴ政府の存在はほとんど感じられない。外国人、しかも虐殺に加担したルワンダ反政府勢力が行政の代わりを務めているとは、何とも不思議で異様な光景だ。そのような勢力が「国家内国家」を形成しているのは奇妙だが、これがコンゴ東部の現実である。

マリアンの夫はFDLRに属している。マリアンは1994年にルワンダからコンゴ東部に難民として来て、結婚して子供2人をもうけたが、1996年の戦争の際に難民キャンプからコンゴ西部に逃亡中に子供2人を亡くした。その後、コンゴ国内をあちこち逃げ回り、数年前からワリカレ郡に夫と2人で暮らしている。

「コンゴ人のコミュニティーに住んでいるけど、現地の人から早くルワンダに帰れと言われ差別されている。それがつらい。ルワンダに姉がいるはずだから帰りたい。だけど帰ったら殺されると聞いている。どうすればいいかわからないわ。」

マリアンのようにルワンダに帰還したいが、治安が不安という人はかなりいる。ラジオがあればある程度ルワンダの情報は手に入るが、難民や住民が全員もっているわけではない。

1時間ほどマリアンと話し合った後に私が帰ろうとすると、彼女は寄ってきて、「私どうしても家に帰りたいの。家族に会いたい。お願いだから、ルワンダに平和をもたらして」と、すがり付いてきた。

彼女の目には涙がいっぱい。ルワンダとコンゴで「虐殺」を二度体験し、子供2人は殺され、逃亡と避難と脅迫の繰り返しという14年間を過ごしてきた。私には想像もつかないほどの地獄の生活だったろう。心身ともにボロボロになっても、人間不信になっても、一生懸命生きようとしている。アフリカでは一般的に、HIV／エイズ、栄養失調、飢餓などによる死亡率が高いが、どんなに厳しい環境にいても自殺することはほとんどない。私はアフリカで10年以上にわたって（避）難民の活動に携わったが、自殺未遂の難民に会ったのは一度だけだ。マリアンなどの難民をはじめとしたアフリカ人の強さに改めて感動した。

「私たちはあなたたちが1日でも早くルワンダに帰ることができるよう、努力しています。あなたも希望と勇気を捨てずに生きて下さいね。」と、私はありきたりの言葉を言って彼女を抱くのが精一杯だった。私は自分のために権力をもちたいとは思わないが、時折、自分に政治的な権力があれば難民のような社会的弱者を助けることができるのにと思うことがある。マリアンの夢である帰還は近い将来に実現できるのだろうか。

軍事的色彩が濃い半強制的な帰還

1995年11月から1996年2月までに、約4万人のコンゴ人（80％がツチ）がコンゴ東部の紛争から追い立てられてルワンダに避難した。その中には、1959年にルワンダから逃れた難民も含まれている。彼らはもともとルワンダ人で、難民として1959年にコンゴに来たのだから、「帰還」したルワンダで「難民」として扱うのも奇妙な話だ。だが、ルワンダ政府の要請にしたがってUNHCRは「難民」キャンプを開いた。

コンゴでは二重国籍を認めておらず、長年にわたる移動の歴史があるルワンダ系住民の国籍問題は大変微妙だ。この問題が放置されていたために、第1次と第2次戦争の原因ともなった。在ルワンダ「難民」はルワンダ人なのかコンゴ人なのか明らかでないため、常にその「真正さ」について地方政府と議論になる。地方政府の役人が「彼らは本当にコンゴ人の国籍をもっているのか。コンゴに帰る必要はあるのか」と疑うようにUNHCRに聞いてくるので、そのたびに「それはUNHCRでなく、あなたたち政府が判断することです」と答えて、議論を終えるのがいつものパターンであった。

2007年8月にカタンガ州のモバという町で、ツチ系コンゴ「難民」の帰還が計画されているという噂がきっかけで、地元住民が暴動に走ったことがある。なぜ地元のコンゴ人がルワンダ系住民に疑念をもつのか。それは第1章に記したように、コンゴにおいてルワンダ系住民が単に経済的、政治的権力をもっているからだけではない。「生まれ育ちはコンゴで自分はコンゴ人」と言いつつ、都合に合わせて両国間を自由に越境し、時折ルワンダ人になりすましているルワンダ系住民が多いからだ。この典型的な例がCNDPのンクンダ将軍である。彼が反感をもたれるのは彼自身が戦争犯罪者であるだけでなく、1994年にルワンダ愛国軍（RPA：RPFの軍事部門）に加わるためにルワンダに行ったかと思えば、その後にコンゴの反政府勢力であるAFDLとRCDに参加するためにコンゴに戻ってきたからである。

ルワンダ系住民が国籍にこだわるのは、アイデンティティの問題だけではなく、国籍がないと土地が所有できないからだ。コンゴ東部は人口密度が高いばかりでなく国立公園があるため、農業や家畜業、そして住居用の土地が限定されている。そのため、肥沃な土地をめぐる所有権争いが現在でも続く。2004年の国籍法では、「コンゴ独立日の1960年6月30日に、コンゴにいた人とその子孫は民族や国籍が何であれコンゴ国籍を取得できる」とされている。この法律によると、本来ルワンダ系住民はコンゴ国籍が得られるはずだ。しかし、実際にはこの法律はほとんど履行されておらず、無国籍者も大勢存在する。2006年の大統領選挙では、在ルワンダ「難民」が投票のために選挙の数カ月前にコンゴに「帰った」が、それは有権者登録カードが仮の身分証明書となり、投票しなければ国籍がもらえないと脅されたためである。

J・カビラ大統領自身の国籍も時折疑問視されている。コンゴ通で知られるジャーナリストのブラックマンも、「J・カビラは英語とスワヒリ語は堪能だが、キンシャサで話されるフランス語とリンガラ語は話せない。彼の母親はツチであるため、彼はコンゴ東部の人（＝外国人）とみられている」と指摘している。[1] 彼の本名はヒポリト・カナンベだが、生まれ育ったタンザニアではジョセフ・ンタワレとして知られ、タクシー運転手や道端で卵売りをしていたという説がある。2006年の大統領選挙キャンペーン中、大半の候補者がこのような情報を流し、自分が100％コンゴ人であることを強調しながら、間接的にJ・カビラ大統領がコンゴ人でないことを浮き上がらせた。例えば候補者のベンバ副大統領は、2回目の投票の際に"Vote mwana mboka"（リンガラ語で「村の男の子に投票せよ」だが、意訳すると「国の子に投票せよ」）と国民に訴えた。最終的には「国籍は関係ない。しっかり仕事をすれば誰でもいいではないか」という結論に終わったのだが。

また、L・カビラ前大統領がジョセフの本物の父親であるかも疑わしいといわれている。父カビラの暗殺の調査がされているかは定かではなく、本物の息子にしてはJ・カビラ大統領の態度はあまりにクールすぎるとされている。とにかく、彼の周りにはたくさんの噂がまとわりついている。

ルワンダは土地不足のためコンゴ「難民」は定住することはできず、かといってコンゴに「帰還」したくても、安全確保や、国籍取得と土地所有が実現しないままでは安易に戻れない。2002年に起きたルワンダ政府による在ルワンダコンゴ「難民」の強制「帰還」のトラウマは、同「難民」の間に根強く残っている。RCDは支配地域を拡大しようとして、「難民」7、000人を「帰還」させた。難民の生命や自由が脅威にさらされるおそれのある国へ強制的に追放したり、帰還させてはいけないという難民条約第33条「ノン・ルフルマン(non-refoulement)」の原則にしたがって、UNHCRは強制帰還に反対した。しかし、これは聞き入れられず、結局「難民」は「帰還」したものの、FDLRによる自分の家や村の支配といった問題に直面し、ルワンダの「難民」キャンプに逆戻りをした人もいる。こういうことがあるため、帰還には慎重さが不可欠なのだ。

2007年3月、そのコンゴ「難民」がUNHCRやコンゴ政府に予告なしに、集団でルワンダからコンゴに「帰還」し始めた。最初の日は約600人が「帰還」し、国境の出入管理局では登録などで慌てた。彼らは「難民生活が嫌になったから」「コンゴが安全になったと聞いたから」という理由で「帰還」したようなのだが、彼らの出身地の多くは戦闘地やFDLRの支配地域であり決して安全とはいえない。その証拠に、ほとんどの「帰還民」が出身地とは違う町や村に向かった。ルワンダにいるコンゴ「難民」は、両国を行き来している商人や携帯電話を通じて、コンゴに関する情報をかなりもっている。

ではなぜ、わざわざ不安定な北キブ州に「帰還」したのだろうか。それはコンゴ軍と戦闘中のCNDPが人手を必要とし、「難民」にコンゴに帰って来るように宣伝したからだ。この在ルワンダ「難民」の強制帰還には、ゴマでは悪名高いM氏というビジネスマンが関わっていたという。彼はゴリラや火山登山の観光業、コーヒー業、運送業、不動産、鉱物業、ガソリンスタンドなど、ゴマにあるほとんどの事業を独占している。ンクンダ将軍と親密な、政治的にも強い力をもったルワンダ系住民である。同将軍は国連安保理や人権団体の報告書で何度も「人権侵害者」というレッテルが貼られている。その彼が所有するトラック数台がルワンダとの国境にある出入国管理局まで派遣され、「帰還民」を目的地まで運んだのである。CNDPやルワンダ系住民の組織力や団結力には、いつも驚かされる。

元「難民」の入り組んだ「帰還」

UNHCRの任務対象者ではないが、複雑な背景をもつ人々を特例として扱うこともしばしばあった。多くの場合、元「難民」であったり武装勢力に関わっていた外国人である。

2008年1月、コンゴ軍の北キブ州を管轄する将軍の家に面会に行った時のこと。彼が面会後にいきなり、

「ブルンジに帰りたいと言っている人がいるから、会ってくれないか」

と言ってきた。

「その人はブルンジ難民でしょうか。それとも軍人でしょうか。」

「文民だが以前CNDPにいて、そこから離脱した。ルワンダの「難民」キャンプに帰りたいと言っている。」

「ではコンゴ「難民」なんですね。」

「違う、ルワンダ人だ。いや、コンゴ人か、ルワンダ人か正直はっきりしない。とにかく会って話を聞いてくれないか。」

外部の人からすると奇妙に聞こえるこの会話は、現地人と話していてよくあることだ。国境線はあってないようなもので民族が混ざり合っており、ルワンダ系住民の国籍がはっきりしないコンゴ東部ならではの話である。

一般の人は、難民、避難民や移民のそれぞれの定義も違いも知らない。1994年のル

ワンダ虐殺後に、文民である難民と民兵と旧ルワンダ軍が混ざってコンゴ東部に入ってきたこともあり、地元の人の中には「虐殺者も難民」と勘違いしている人が多い。「ルワンダの民兵や兵士がコンゴ東部に入ってきたのは、もともとＵＮＨＣＲが受け入れたせいだ。だから戦争が始まった」と、ＵＮＨＣＲを非難する人たちが多かった。われわれは「ＵＮＨＣＲが保護する難民は文民だけで、軍人と区別できる能力はない。それをするのはコンゴ政府の責任だ」と何度も説明したが、どれだけ理解してもらえたかわからない。

その将軍の紹介で、33歳のポール（仮名）という男性に会った。彼は10年近くルワンダのコンゴ「難民」キャンプに住んでいたが、２００６年にルワンダ政府からの奨学金を得て、国内のブタレ大学で学生生活を送っていた。そこではＣＮＤＰの連絡係として、コンゴ「難民」やルワンダ人からＣＮＤＰの資金集めをしていた。ある日彼はそれが嫌になり、その活動をやめたくなったのだが、ＣＮＤＰから続けるようにと圧力を受けた。最終的にＣＮＤＰに戻るのか戻らないのかの選択を求められ、彼は身の危険を覚え大学から逃亡した。

ルワンダの外に逃げたところ、たまたまゴマに着いてしまったという。彼はＭＯＮＵＣ事務所に直行したが、そこから彼の身元は知事に引き渡され、最終的にコンゴ軍の将軍の自宅で監禁することになったという。それから5カ月が経ち、その間私は何度もコンゴ軍の将軍に会っていたが、ポールに関して相談されたのはその時が初めてだった。

ポールはルワンダの「難民」キャンプにいたときに、カナダへの第三国定住の申請をしていたので、それを再開したいと頼んできた。しかし彼はすでに母国に「帰還」したので、難民としては扱うことができず、したがって定住の申請もできない。他に対応の方法が見つからなかったので、MONUCの保護課が扱っている「特例」として面倒を見てもらうことにした。保護課によると、こういった複雑な背景をもつ人はコンゴ東部では大勢いるので、解決策もそう簡単に見つからないという。ポールの将来がどうにか無事なものになることを願わずにはいられない。

ポール以外にも、北キブ州北部の刑務所で、複雑な背景をもつ人々に会ったことがある。17歳のルワンダ人の男の子で、3歳でコンゴ東部の難民キャンプに着き、7歳でFDLRに加わった。そこから離脱してウガンダに逃亡したところ、ウガンダ軍に捕まえられコンゴの刑務所に入れられたという。

26歳の男性はルワンダ虐殺後にブルンジに難民として逃亡し、そこでFDLRの活動に関与していた。その後タンザニアの難民キャンプに逃亡。そのキャンプが閉鎖されたので、タンザニアの奥地で10年間住んだ後、ウガンダの難民キャンプに行ったが拒否され、コンゴに追い返されたとのこと。

ルワンダにある難民キャンプの周辺で、CNDPに誘拐されたルワンダ人の青年も多い。ルワンダ軍に入った男性は、そこからコンゴの反政府勢力のRCDに入らされ、軍統合中にコンゴ軍に入るはめになった。ルワンダに家族がいるので帰りたいが、身の危険が心配でどうしていいかわからないという。

これらの人たちにほぼ共通することは、幼少期から戦争下の環境に生まれ育ち、国境を越えて避難生活をしていたこと。大湖地域をぐるぐる回ってきたので、自分の国籍や故郷がわからないことである。家族の愛も教育を受けた経験もなく、彼らの多感な青春時代は真っ暗に染められてしまった。彼らは将来どういう人生を歩み、どういう形で国づくりに関わっていくのだろうか。心配はつきない。

註

（1）Braeckman, Colette, “République démocratique du Congo: Le fils du président défunt est jeune, sans expérience et quasiment inconnu Joseph Kabila, ou le poids de l'héritage”, *Le Soir*, 19 janvier 2001.

第6章　最強の武装勢力との交渉

一般的に、UNHCRの仕事は援助物資の配給や（避）難民のキャンプづくり、そして帰還の計画と実施といったイメージが強いかもしれない。しかし場合によって、UNHCRの任務である難民の保護のために、政治的な交渉をすることもある。（避）難民や一般市民が受けている人権侵害について説得するために、加害者であるコンゴ軍だけでなく反政府勢力といった非国家主体（Non-state actors）にも働きかける必要があった。また避難民や隣国にいるコンゴ難民が、将来人権や安全の問題に直面せずに、反政府勢力支配地域に帰還できるよう協力してもらわなければならなかった。この章では、コンゴ東部にある数多くの反政府勢力の中で最強とされるCNDPの幹部と、避難民キャンプの保護について交渉した時のことを描きたい。

国内避難民キャンプの強制移動

ＣＮＤＰの本部があるキチャンガという町には、長年にわたり主にツチ系の「避難民」キャンプが設置されている。「避難民」らは以前「難民」としてルワンダにいた人たちで、第5章に記したように、２００２年にルワンダ政府によって強制「帰還」をさせられていた。ところが、「帰還」したものの自分たちの村がＦＤＬＲに支配されていたため、現在までキャンプ生活を続けているのだ。

そのキチャンガに、２００７年8月の戦闘再燃によって、フツ系の避難民の新しいキャンプができた。ＣＮＤＰによると、彼らの敵であるパレコという武装勢力がそのキャンプに隠れているとのこと。ＣＮＤＰは、そのキャンプをもう1つのツチ系の「避難民」キャンプと合体させることによって、キャンプの安全をより効果的にコントロールしたいと説明したのだが、本音は敵探しであった。

フツ系キャンプにいる避難民らは、ツチ系のキャンプと合体するのを怖がっていた。ある女性は、「あなたの夫はパレコなのではと、ＣＮＤＰに疑われるのが怖い」と、びくびくしていた。フツ系キャンプはＭＯＮＵＣの基地近くに位置し、いざという時に安心できるという。

国境なき医師団（ＭＳＦ）は、その地域で活動していた数少ないＮＧＯの１つであった。ＣＮＤＰは人道支援機関によるフツ系キャンプへのアクセスを許可しなかったが、ＭＳＦはそれを押しきって水や衛生の支援をし続けた。当然ＣＮＤＰとＭＳＦの間で緊張が高まっていった。それと同時に、ＣＮＤＰは徐々にフツ系の避難民に、ツチ系のキャンプに移動をするようプレッシャーをかけるようになった。

こういう保護の問題がある時は、ＵＮＨＣＲの出番だ。本来ならこれはコンゴ政府の役割なのだが、事件が起きている場所が反政府勢力支配地域なので、政府は政治的・治安上の理由から行くことができない。私の同僚がキチャンガへ数回出向き、避難民の強制移動をやめるようＣＮＤＰに訴えた。しかし、効果はなく、私が交渉役として行くことになった。

それを聞きつけてＭＳＦゴマの代表が私に電話をしてきた。「あなたがＣＮＤＰと交渉をすると聞いて嬉しく思っている。その前にいろいろ話をしたいので、今夜ＭＳＦの家に来てくれないか。」　独自に活動することで有名なＭＳＦがそう言ってくるということは、よっぽど現場が緊迫しているのだろう。

その夜ＭＳＦの家に行き、キチャンガやＣＮＤＰに関して説明を受けた。「ＣＮＤＰ内で、われわれの協力者のA医師に会えばいい。彼を通じてもしかしたらンクンダ将軍に会えるかもしれない。」

あのンクンダ将軍に？　ゴマに来てから彼の名を聞かない日はないほどの「有名人」だった。ちょっと手強そうだけど、彼にぜひ会って人権侵害について話をしたい、と半分わくわく半分緊張しながら、キチャンガ行きを楽しみにした。

国連の安全基準上、国連職員がキチャンガのような微妙な所に行くのにはMONUCの武装エスコートが必要だ。武装エスコートの要請は、各国連機関が1週間以上前にMONUCに提出する。要請が多いときはその翌週に回されたりキャンセルされることもある。緊急時は即エスコートを出してくれることになっているが、いずれにせよその決断をするのに時間がかなりかかる。今回のキチャンガ行きは単なる調査でなく反政府勢力との交渉で、どれだけ切迫しているかをMONUCに説明した。しかし、インド軍の人員や車輌不足で、明後日に予定していたエスコートを本当に出せるかわからないという返事だった。この「CNDPのキチャンガ事件」は、北キブ州内だけでなくキンシャサの国連幹部も注目していたほど話題になっていた。キチャンガにはMONUC軍が駐在しているのに、その目の前でＣＮＤＰが避難民を強制移動することがあれば、何のためのＰＫＯなのかと非難され、ＭＯＮＵＣのイメージが悪くなる。もちろん私みたいな無名の者が行ってＣＮＤＰに話しただけで事態が変わるとも思わなかったが、やらないよりましだろう。

ＭＯＮＵＣの武装エスコートがキチャンガに行くのは明後日かもしれないと言うと、ＭＳＦの代表は、

「明日の午後、われわれはキチャンガに車を出す予定だから、ＭＳＦの車であなたを乗せることもできるわ」と誘ってきた。

それを聞いたＭＳＦの男性は私に次のように言った。

「もし自分が君であれば、僕はＭＳＦの車で行く。だってそのために君はゴマに来て働いているんだろう。国連のルールはあってないようなものだから。」

私も気持ちの上ではすぐに飛んで行きたかった。こういうとき、自分がＭＳＦみたいな団体に属していたら自由にあちこちに飛べるのに、と悔しく思うことがある。だめもとで、キンシャサにいる上司にＭＳＦの車で行っていいかと聞くと、「だめだ、ＭＯＮＵＣのエスコートをちゃんと出してくれるよう、ＭＯＮＵＣゴマ代表に説得してみる」という返事だった。

結局さまざまな交渉の結果、MONUCはその翌々日にエスコートを出すことになり、私は同僚とキチャンガに出発した。

いよいよ交渉の本番

キチャンガに着き、MSFからの紹介でCNDPの幹部であるA医師に会いに行った。インテリで口も達者な人で、UNHCR職員に会うのは私が初めてだという。

A医師は早速、強制移動の重要さを説明した。

「われわれはどうしても、あの2つのキャンプを合体させる必要があると思っている。避難民になりすまして、援助物資が目当てで（フツ系）キャンプにいる住民が多い。その上、CNDPの兵士も限られており、2つのキャンプを見張るほどの数がいない」

私はそれに対して次のように説得した。

「避難民か住民かは、われわれが登録をすれば大体わかることです。キャンプの安全面に関しては、MONUCにもっとパトロールしてもらうよう頼みましょう。キャンプ地から近いので、MONUCの基地から管理できるはずです。」

すると、彼は次のように反論してきた。

「両キャンプの避難民は民族が違うのは君も知っているだろう。君は民族共存の重要さを信じていないのか。それで、両キャンプの合体に反対しているのか。」

私は冷静に答えた。

「確かに民族共存は大事ですし、私たちもそれを推進しています。けれど、民族間の信頼を醸成するには時間がかかりますよね？　いきなり、キャンプをくっつけてもアレルギー反応を起こすだけです。まず、啓蒙活動をしなくてはなりません。両キャンプにある避難民委員会同士を定期的に会わせて、話をさせて徐々に理解してもらうということから始めてはいかがでしょうか。」

そして私は続けた。

「また、1つのキャンプに避難民を集中的に固めるのは、衛生面でも安全面でもよくありません。1994年にゴマ周辺にルワンダ難民を大量に受け入れた時、コレラが発生したのを覚えていらっしゃいますか。これはUNHCRにとって大きな教訓となりました。この教訓を生かし、チャドでスーダン難民のキャンプをつくった時にはキャンプをわざとあちこちに分散させたのです。これは避難民だけのためでなく、周辺にいる住民のためでもあるのです。ですから、キャンプの合体には賛成できません。」

私が面会したA氏が医者であったのは、偶然だが幸いであった。彼はMSFで働いている医師を除いて、このキチャンガ（人口約5万人）では唯一の医者だ。さすがに医者として伝染病が発生するのは避けたかったのだろう。

「君の話はわかった。それでは明日、2つのキャンプを見て、それで最終的に決断を下そう。」

よかった！　もちろん完全に浮かれてはいけないが、彼の硬かった表情が少し柔らかくなり、多少期待してもいいかもしれないと希望がもてた。


その後、A医師は、革命家としてこの国を変えたいという夢をもっていることを長々と話してくれた。孫文、チェ・ゲバラやスティーブ・ビコなど、医者から歴史に残る活動家や革命家に転身した人は多い。どうも彼はその姿に憧れていたらしい。

「この国は病院や保健所が十分にないだけでなく、道路がないために救急車も使えない。もちろん、ほとんどの病院では救急車すらないのだが。保健所まで来ることができなかったため、途中で命を落とした1人だ」と、壁に貼ってあった1枚の患者の写真を見せてくれた。マラリアの治療が受けられないまま亡くなった幼女の姿が痛々しい。

「この政府は本当に腐っている。だからCNDPが立ち上がって、この国を変えようとしている。僕は将来、この国に最低限のインフラができることを願っている。市民全員が、教育や保健施設へのアクセスをもつことを夢見ている。」

CNDPを立ち上げるのはいいが、非暴力でやってくれなくてはと私は非難したかったが、彼が不機嫌になってキャンプ合体をやめる考えを変えられたら困ると思い、私はぐっと我慢した。

「あなたが言っていることは、まさにキング牧師の"I have a dream"のスピーチに似ていますね」と言うと、

「そうなんだ。あのスピーチのように、この国を変えられれば！」と彼は喜んでますます調子に乗って話を続けた。

初体面であるにもかかわらず、われわれは4時間近くも話してしまった。私はもともと人種差別や開発問題に関心をもってこの世界に入ったようなものなので、彼の話を興味深く聞いてしまったのである。

生まれた信頼

翌朝は日曜日で時間があったので、私はA医師と共に、教会のミサに参列した。私はキリスト教徒やイスラム教徒ではないのだが、町の雰囲気や文化を理解するため、時間が許す限り、地方への出張中に現地の教会やモスク、市場など人が集まる場所を訪れることにしている。彼が私の隣で、スワヒリ語やキニャルワンダ語の通訳をしてくれた。

その後A医師と両キャンプに行き、彼は何人かの避難民と話した。彼らは「ここにいたい。ここで食糧などの支援がほしい」と訴えた。そうすると、A医師は「よし、あなたたちはここ（フツ系キャンプ）に残っていい。食糧、水や衛生などの支援もしなくては」と、避難民の前で言った。避難民からは拍手喝采。そして続けて、A医師は私にこっそり言った。「実は昨夜、（ンクンダ）将軍に話し、彼も避難民を移動させないことに同意してくれたんだ。」

本当にンクンダ将軍がそう決断をしたなんて！　それを聞いたときは信じられなかった。何しろ相手は最強の反政府勢力のリーダーで、コンゴ政府から戦争犯罪人としても指名されているぐらい手ごわい人なのだ。

その日の夕方、スーツ姿のンクンダ将軍が約10人の武装ボディーガードに囲まれて、フツ系避難民キャンプに現れた。

私と同僚はオブザーバーとして、避難民に混じって彼のスピーチを聞くつもりだった。しかし、舞台に立っていた将軍がわれわれに舞台に上がるようにと誘ったので、CNDPの幹部に混じって舞台の端で彼の話を聞いた。

彼は避難民に対して語った。

「私の母や家族の一部も、ルワンダで難民生活を送っている。だから皆さんの苦しみがわかる。皆さんが1日でも早く村に帰れるよう努力する。それまでこのキャンプにいていい。」

会場から歓声が沸きあがった。

ンクンダ将軍が去った後、私と同僚は避難民何人かに握手をされ、「他のキャンプに移動しなくてよくなったので嬉しい。CNDPを説得してくれてありがとう」と、感謝された。避難民の命を救えたことで、UNHCRとしての任務が果たせてほっとした。

そこへある避難民の女性が寄ってきた。性的暴力にあって性器が痛いこと、またキャンプでは他に性的暴力を受けている人がいることを同僚（コンゴ人女性）に明かした。性的暴力が恥として受け止められている社会で、いくら女性同士とはいえ赤の他人にはなかなか話せないことだ。キチャンガでのたった2日間の滞在中に、CNDPとの交渉の姿を見て、避難民がわれわれに信頼をもってくれたのだろうか。われわれは彼女に、MSFが支援する病院にすぐに行くように伝えた。

信頼といえば、私と気が合ったA医師も同様だ。その数日後に、彼がゴマに来た際、私に連絡をしてこう言った。

「君がキチャンガに来てよかった。そのおかげで、CNDPも人道支援機関と交流をもたないといけないことに気がついた。今回ゴマに来たのも、それらの機関に正式に援助を頼むためだ。」

単なるリップサービスかもしれないが、嬉しかった。私はキャンプで初めてンクンダ将軍に会った後、自分の上司からの要請もあり、その後ンクンダ将軍と二度面会したのだが、それもA医師が快く手配してくれたおかげである。

今回のキャンプの強制移動の話は、CNDPが抱えている数多くある課題の中では重要ではなく、たまたま受け入れてくれたのかもしれない。しかし、ンクンダ将軍といい、A医師といい、われわれと同じ人間であり家族もいる。ちゃんと腹を割って話し相手の言い分を聞いたら、理解してもらえる可能性はあるのだ。私は自分が特に交渉力に優れている

ンクンダ将軍（左から２人目），CNDP 幹部，UNHCR の同僚と
ンクンダ将軍の家の玄関口にて（左が筆者）。（写真提供：亀山亮）

と思っていない。しかし、強い信念と情熱があれば、相手が武装勢力であっても説得できるチャンスはあると確信させられた貴重な体験であった。

ンクンダ将軍との面談

本節では、ンクンダ将軍と二度会ったときの様子を伝えたい。彼が何を考え、何のために戦っているかがより理解できるからだ。一度目は、A医師の家で女性の同僚と2人でジーンズ姿のンクンダ将軍に会った。「よく女性2人でここCNDPの支配地域まで来ましたね。勇気がありますね」と言いつつ、丁寧にわれわれを歓迎してくれた。私はフツ系キャンプに関して理解してくれたことに感謝の言葉を述べると、彼はこれから（避）難民の帰還で人道支援機関と協力していきたいと言った。

ンクンダ将軍との二度目の面談は、彼の別荘のようなところで行われた。ルワンダとの国境付近のギセニという町に住んでいる彼の家族もたまたま遊びに来ていた。12歳ぐらいの長男から4歳ぐらいの三男まで子供は4人。われわれが別荘の庭で面談を待つ間、子供たちはそれぞれ棒をもって、土を掘ったりしながら遊んでいた。ンクンダ将軍はワシの頭入りのステッキを常にもち歩いているので、子供たちも父親を真似していたのだろうか。

そこで印象的だったのが、子供のうち唯一の女の子（5歳）が、棒を使って軍隊のマーチや軍隊風のあいさつをしているように振舞っていたことだ。その子の瞳は純粋な子供のものではなく、戦士のように鋭かった。しかも遊び心でやっているというより、真面目に「練習」していたのである。親が親なら、子も子である。それにしても、子供たちは自分の親が何者なのか知っているのだろうか。早くから戦うことを覚えてしまい、この子供たちが将来どのような大人になるのか、他人事ながら心配になった。

ンクンダ将軍は子供たちといる時はどこにでもいる父親の顔をしていた。特に一人娘がかわいくてたまらない印象を受けた。しかし、われわれとの面談となると、その顔は軍人のものに変わった。整った顔立ち、細身で背が高い外見は、まるでロックスターのようだといわれる。彼はカリスマ性をもち、コミュニケーション能力が高いリーダーとしてかなり知られており、よく欧米メディアにも登場する。CNDPの規律正しさは、アフリカの他の武装勢力と比較できないほど優れている。彼と話している時、時折蛇のような目が気になった。それは大量殺戮の指揮をしている人の目であり、背筋が冷たくなるほどゾクッとした。

CNDP関係者には、ルワンダの母国語であるキニャルワンダ語を話すツチ系住民が多く、ルワンダ政府から支援を受けていることは一般的に知られている。CNDPは2007年7月以降、コンゴとウガンダ国境に位置するブナガナという町を支配していたが、それはルワンダから武器を調達するためであったといわれている。その町に一度行ったとき、ンクンダ将軍と彼の娘と同じく、人をにらみつけるような鋭い目をもつCNDPの兵士がぞろぞろ歩いていた。異常なほどの緊張感が漂っていたのを覚えている。フレンドリーなアフリカ人の雰囲気はそこにはなかった。

CNDPが戦っている理由は、FDLRの手からコンゴ東部在住のツチ系住民を守るためと一般的にいわれている。しかし、面談中は意識的にかンクンダ将軍はツチとは口に出さずに、彼の息子がFDLRによって大怪我をさせられそれが許せない、また彼の母親がルワンダの難民キャンプにおり、1日でも早くコンゴに帰って欲しいという話をした。身内で起きたこれらの出来事に個人的な思いが募って、FDLRへの報復に掻き立てられたという。

1994年の虐殺のとき彼はルワンダにいたのだが、その生々しい光景が未だに目に焼き付いているらしく、その詳細について語ってくれた。虐殺首謀者であるFDLRを彼は当然敵視しているのだが、そのFDLRがコンゴ軍と組んで天然資源の搾取に従事している。そして、「コンゴ政府こそが、ツチに対する殺害の継続と現ルワンダ政権の打倒を掲げるFDLRを保護している」と非難し始めた。CNDPももちろん資源の搾取に関与しておりFDLRと張り合っていたが、将軍はそれについては触れなかった。

また、軍統合（10章を参照）が失敗に終わったのは、故郷から離れたところに軍を派兵するのは無理があるというのが彼の見解であった。家族や恋人から離れると、性的暴力やエイズの問題が悪化し、軍人も精神的に弱体化するという。軍統合によってツチ系の軍人が東部以外の州へ派兵されれば、少数者として差別される恐れがある。CNDPはこれを理由に軍統合を拒否しており、そのために軍統合が成功しないことについて、将軍は一言も語らなかった。

「コンゴはアフリカ大陸のど真ん中にあり、人を惹き寄せる要因がたくさんある。資源、水、土地など。だからコンゴは周辺国から移民や難民を受け入れる体制を整えなくてはならない。そのコンゴの特異性について、いま本を書いている。しかし、今の政権はそれをわかっていないだけでなく、汚職がひどくて規律もない。だから改善しないといけない。」

確かに彼が話すコンゴの特徴や現政府の問題には一理があり、彼が国の発展について真剣に考えている様子に見受けられる。しかしA医師のようにそれを非暴力で解決して欲しい。第3章に記したように、軍人による性的暴力が問題になっているため、それをやめるよう部下に説得してほしいと将軍にお願いすると、「部下には一定のパートナーをもつように結婚を勧めている。性的暴力は戦争犯罪と同じで大変重い罪だと思っているので、処刑をしている」とのこと。しかし、実際に処刑を受けた人がいるのかは話してくれなかった。また、子供兵の徴用に関しても、一切やっていないと断言した。それどころか、「われわれはストリート・チルドレンのような恵まれない子供たちに教育の機会を与えている」と言ったほどであった。この辺はかなり怪しく、どこまで信用していいのやらわからない。

以前彼は、南アのムベキ大統領（当時）に南アへの亡命話をもちかけられたが、愛国心が強いため断ったという。

「不運なことに僕はコンゴ人として生まれ、不運なことに僕はコンゴという国が好きなんだ。だからここを離れたくないし、一生戦い続けたい。」

ンクンダ将軍の妻はフツで、子供たちも長男以外は皆母親似である。その彼女が途中から面談に入り、ンクンダ将軍の隣に座りながら何も言わずに議論を聞いていた。そして面談中に将軍は自分の部下を紹介しながら、

「CNDPはツチ系の人間しかいないと皆言うが、それは嘘だ。(部下を指しながら)彼も彼も彼もフツだ。」

と言い、その部下もそうだそうだとうなずいていた。

CNDPは一般的にツチ系住民とルワンダ政府のために戦っているといわれるが、ルワンダ政府と親密なフツの有力者もいる。第5章と第8章にそれぞれ記しているM氏もセルフリ氏もそうである。しかしフツはツチのアシスタント役を務めていることが多く、RPF政権といいCNDPといい、あくまでツチが主導権を握っている。ツチとフツ間の民族統合を証明するために、フツの存在が使われているだけなのだ。その典型的な例が、1994年以降ルワンダ大統領を数年務めたフツのビジムングである。実際の権力者はカガメ副大

コラム2 COLUMN 不気味な1月17日

ゴマ付近にあるニィラゴンゴ火山の噴火があった2002年1月17日は，発生年は違うが阪神大震災（1995年）やロサンゼルスのノースリッジ地震（1994年）が起きた日と同じである。また1961年のこの日はルムンバ首相が暗殺され，40年後の2001年の1月16日にはローラン・カビラ大統領も暗殺された。偶然とはいえ，何とも不気味だ。

統領（防衛大臣も兼業）であった。2008年1月にゴマで開催された和平会議でも、CNDPの代表者としてンクンダ将軍でなく、彼のフツの部下が参加し「本物のCNDPの人間ではない！」とコンゴ人の参加者から大きなブーイングが出された。

家畜をたくさんもちチーズ工場を経営しているンクンダ将軍は、面談中にチーズと温めた牛乳をご馳走してくれた。北キブ州のチーズはベルギーの植民地時代からつくられており、大変おいしいので有名だ。また帰りにわれわれにチーズをお土産にもたせてくれた。何ともサービス精神旺盛であった。外国人であるわれわれUNHCR職員に対するこのようなもてなしを、同じようにコンゴ人にもすることによって、和解に結び付けて欲しいと思うのはあまりにも単純すぎる考えだろうか。

第7章　コンゴ東部紛争と環境の関係

コンゴ東部紛争の要因は、民族対立、土地所有をめぐる争い、ルワンダ系住民の国籍、天然資源の搾取、武器の不法流入、腐ったガバナンス、刑罰のなさなどとさまざまあるが、その中でも本章では環境資源の搾取の問題を取り上げたい。マッキニー・アメリカ元下院議員が主張したように、「この紛争は虐殺から守るための気高いものでなく、また暴虐から民主主義を守るためでもなく、利害と貪欲によるもの」であり、それが環境資源の搾取と関連している。環境問題が深刻になる中、ますます「環境難民」が増え、広い意味での「環境」──ここでは、天然資源、自然、水、農業、野生動物、家畜、土地の全部を指す──が重要な鍵概念となっている。

コンゴ東部は紛争さえなければパラダイスで、一生いてもいいと思うぐらい環境に恵まれている。「コンゴ東部の環境は天国（Heaven）のような所だが、気分は地獄（Hell）

１年に４耕作できるなど，土地の好条件がそろっているコンゴ東部。その土地の取り合いが紛争のもととなっている。

だ」という描写がぴったりで、まさに自然の美しさと紛争が対照的である。本章では、コンゴがもつ特別な自然環境、環境資源の違法搾取、土地問題、そしてそれに対する国際社会の対応について触れてみよう。

豊かな自然をもつコンゴ

まずコンゴが保有する、世界・アフリカ大陸規模の豊かな自然環境について紹介したい。世界に誇れる自然に恵まれているにもかかわらず、意外にも、その事実はコンゴ国内外で知られていない。日本人は富士山を日本の誇りだと自負しているが、コンゴ人が自然の自慢話をしているところを聞いたことがない。彼らにとって自然は身近すぎて、特別なものだと考えられないという理由もある。しかしそれ以上に、一般市民は紛争中サバイバルに必死だったので、観光どころではなく自然や野生動物にかまう余裕がなかったのである。

この国には世界遺産が5つあり、そのすべてが自然遺産である。生物の多様性という面では地球上で最も重要な国の1つであり、今流行のエコツーリズムに最適だ。しかし１９９０年代から続く紛争で政府には保護政策に財源をあてる余裕がないため、世界遺産が「危機遺産[1]」として登録されてしまっている。何ともったいないことなのだろう。

まず、１９７９年に世界遺産に登録されたヴィルンガ国立公園について説明しよう。ゴマの近郊に位置するこの国立公園は１９２５年に設立され、アメリカのイエローストーン国立公園（１８７２年に指定）に続いて世界で2番目に古い。アフリカ大陸では最古である。このヴィルンガ国立公園は、サバンナ、溶岩台地、沼地、熱帯雨林、高山植物に覆われた山岳地帯が特徴である。モブツ大統領の別荘もこの国立公園内にあったので、アフリカの大統領との会談もここで開かれていた。１９７０年代コンゴ経済が栄えていた頃、国家予算の30%はこの国立公園が生み出す観光収益からきていたという。

この国立公園には、キリマンジャロに次ぎ、アフリカで2番目に高いルウェンゾリ山脈

（5、109メートル）を有する。さらにコンゴ東部に活火山が2つ、死火正体山が6つある。活火山の1つ、ニィラゴンゴ火山（標高3、470メートル）はゴマの10キロ北に位置しており、富士山のようになだらかな正体だ。2つ目のニアムラギラ火山（3、056メートル─ニィラゴンゴ火山の北西14キロに位置）では、20世紀中に25回の噴火が確認された。最後に噴火したのは2006年の11月で、およそ4年に一度の割合で噴火が起きていることになる。これらの火山活動によって、現在のアルバート湖、エドワード湖、タンガニーカ湖などの大湖が形成された。中でもタンガニーカ湖は最高水深1、470メートルで、ロシアのバイカル湖（1、637メートル）に次いで世界で2番目に深い。

夜にニィラゴンゴ火山の頂上からクレーターをのぞきこむと、赤い溶岩がぶくぶく湧いているのが見える。世界でこのような光景が見られるのはニィラゴンゴ火山とハワイ島の火山しかなく、この両火山はちょうど地球の反対側に位置している。これは偶然ではなく、地球の悠久の営みの結果といえる。マントル（地球の地殻と核との間の層）の最下部深さ2、900キロあたりからわき上がる、プリュームと呼ばれる高温の局所的な上昇流が、アフリカ大陸の下にある。その熱でマグマが作られている。前記の浜口名誉教授によると、このプリュームはアフリカ大陸以外に太平洋の下にもあり、その熱がニィラゴンゴ山やハワイの火山の源である。夜のゴマの町から時折ニィラゴンゴ火山の頂上が赤く見え、「これがいつまた噴火してゴマの町を襲うのか」と思うとぞっとするが、一方で神秘的な美しさは否定できない。

火山地帯であるコンゴ東部ではあちこちに温水がちょろちょろ出ている。これはコンゴとの国境に面するルワンダの西部でも同様である。現地では温泉は知られておらず、せっかくの天然の温水で卵やジャガイモをゆでるといった活用法しかない。日本人の感覚からすると何とももったいないことだ。

アフリカでのサファリ観光といえば、ケニア、タンザニアや南アを思い浮かべてしまうが、モブツ元大統領がこれらの国々にコンゴ産の動物を贈っていたほど、コンゴには珍獣が多く集まっている。世界のマウンテンゴリラの約半数の700頭が、コンゴ、ルワンダ、ウガンダの国境地帯に生息している。また世界三大珍獣の1つに数えられ、頭部がキリンに似て、脚にシマウマのような模様が入っているオカピもコンゴに生息している。オカピは横浜動物園ズーラシアや上野動物園でも人気の動物となっている。さらにサルの中

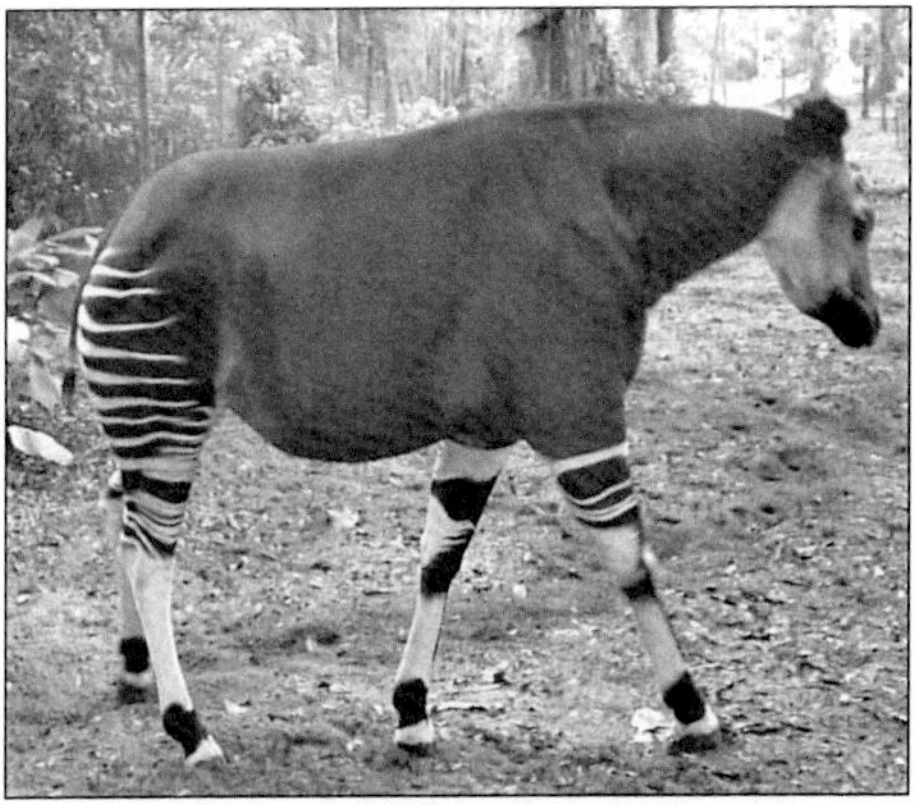

世界三大珍獣の１つであるオカピ
（写真提供：コンゴ政府）

で最も知性が高いといわれているボノボもここに暮らしている。しかし、ボノボは第１次コンゴ戦争の犠牲となり、キンシャサにあるボノボ専用の「孤児院」に避難させられた。

アマゾンに次いで世界で２番目に広大なコンゴの熱帯雨林は、アフリカの森林面積の半分を占める。アフリカではナイル川に次いで２番目に長いコンゴ川もある。その河川の水量はアマゾン川に次ぎ世界第２位だ。コンゴ西部に流れるコンゴ川で、現在世界銀行やその他の拠出国がインガ・ダムという水力発電所に投資している。完成すれば、アフリカ大陸だけでなく南ヨーロッパにまで電力を届けることができるといわれている。

環境資源の搾取

天然資源の宝庫であるコンゴは、31種類の鉱物資源（コバルト《世界の埋蔵量の65％を占める》、コルタン、金、銀、スズ、ダイヤモンド、銅、カドミウム、マンガン、ゲルマニウム、ウラン、ラジウム、ボーキサイト、鉄鉱、石炭など）、天然ガス、そして石油があり、モブツ政権時代には日本の企業や商社もかなり入っていた。広島と長崎に落とされた原爆には、コンゴからのウラニウムの80％が含まれていたことは広く知られている。

これらの鉱物資源の中でも特に問題視され、コンゴ東部でも採掘されているコルタンとスズの例を挙げてみよう。コルタンは、携帯電話、ノートパソコン、ゲーム機、デジカメ、ビデオカメラなどの電化製品に欠かせないレアメタルだ。その需要のピークは２０００年で、同年のクリスマスに販売されたソニーのプレイステーションⅡがコルタン不足のため、その需要に応えることができなかったほどである。コルタンは、ブラジル、カナダやオーストラリアでも採れるが、質が高いのはコンゴ東部から採掘される。世界の埋蔵量の80％はコンゴ東部にあるといわれるほどの規模で、コルタンはコンゴ東部にとって重要な収入源となっている。現地の人によると、北キブ州にあるワリカレ郡でコルタンが発見されたのは、１９９６年に第１次コンゴ戦争が始まってルワンダ軍が現地に入った時であったという。
２００１年以降コルタンの価格が下落する一方、ここ数年、最も重要になりつつあるのがスズである。スズは、キブ州ではもともと１９１０年に発見され、１９４０年代には、ボリビアに次いでコンゴは世界で2番目の産出国であった。現在コンゴには世界の埋蔵量の4―5％のスズがあり、電子工業の部品や缶詰の缶生産に使われる。スズの価格が２０００年以降3倍に上がったのは、鉛の代替品としてスズなどの合金が利用されるようになったからだ。鉛は人体に対して有害であり、廃棄物の自然環境に対する悪影響も懸念されているため、２００６年には、鉛の電子・電気機器への使用が欧州連合内で原則として禁止された。

これらの鉱物の採掘は素手で行われるのが特徴で、それらを小商人に売るといい金儲けになる。そのため、地元の農民、教師、役人、医者、看護婦、そして小学生までが、狂ったようにコルタン採掘に従事してきた。教育を受けても将来いい仕事に就ける保証もなく、たとえ仕事に就けたとしても、医者の月給でさえせいぜい２００―４００米ドル（約2―4万円以下）にすぎない。そのため金儲けができるときはするべしという考えだ。

これらの採掘が始まって以来、地元政府、保健所、公立の学校は機能しなくなった。教会が経営している学校だけが機能していた。土地が肥えているにもかかわらず、農民が農地を放棄したため野菜はほとんど出まわらない。

鉱物資源以外の搾取も存在している。例えば、ヴィルンガ国立公園内の樹木を使った木炭の不法生産である。木炭というと小さな商売というイメージがあるが、人口70万人のゴマ市への配給だけでも3、000万ドルの儲けになる産業なのである。なぜ木炭がこれだけ問題となり金儲けにつながっているのだろうか。それは2004年にルワンダで国内の木炭生産の禁止令がでたからだ。ルワンダの多くの人は電気にアクセスできず、木炭なしには生活ができない。にもかかわらず新法ができたために自国の木炭が入手できず、ルワンダとコンゴの国境地帯に位置するヴィルンガ国立公園の木々がターゲットとなったのである。

国立公園内にはいろんな集団が不法に住み込んで、やりたい放題だ。武装勢力から守るためにコンゴ軍が駐在しているが、給料の不定期な支払いや未払いのため、彼ら自身が木炭を略奪し、密猟に関わっている。木炭のための木材を探す時、国立公園内に住むマウンテンゴリラが邪魔になるため、ゴリラが犠牲になることもある。1994年以降はルワンダの虐殺首謀者がここに拠点を構え、(避)難民も不法に住み込み、食用のためにゴリラ、ゾウ、サイなどを殺した。野生動物の闇市場では、子供のゴリラは数千ドルで取引されており、2007年8月にはゴリラの子供が1頭殺されている。コルタン採掘や薪採取のために森林が乱伐され山がどんどんはげていく。

そして木炭やゴリラだけでなく、一般の市民が飼っている牛やヤギ、羊などの家畜の略奪も問題になっている。特に牧畜民のツチにとって、牛乳もチーズもとれる家畜を失うことは、大きな収入源を失うことと同じだ。一方のコンゴ軍や反政府勢力そして民兵などにとって、家畜の略奪は武器を買うための資金源ともなる。

もちろん紛争の原因として、天然資源だけを問題にするわけにはいかない。ノルウェーのように資源(石油)があっても、国家が機能しているため略奪されることはない。天然資源が紛争のリスクを高めるには、貧困や民族対立、脆弱な政府などの要件が伴う必要がある。そのためコンゴ政府にも責任の一端があるが、第1章に述べた通り、コンゴ政府をこのようにだめにした国際社会、特に日本を含む西欧諸国の責任は大きいと思う。それは決して過去の問題として片付けられるものではなく、現在も続いている。

同じ資源国でも鉱物資源の種類によっては紛争の発生が避けられることもある。シエラレオネでは、「ブラッド・ダイヤモンド」という映画で描かれた通り、数年前まで「ダイヤモンド紛争」があった。同国で産出されるダイヤモンドをはじめとする資源が、紛争当事者の資金源となっていた。その紛争が終結し、国外にいたシエラレオネ難民に対して難民条約の終止条項(2)が2008年に適用されたのだが、紛争が解決したのは民族対立や宗教対立がなかったからだけではない。

ダイヤモンドは、機械で地下の深いところでしか採ることのできないキンベリット(Kimberlite)と、浅いところで素手で採れるアルビアル(Aluviale)の2種類に分かれる。後者は誰もが簡単にアクセスできるが、ダイヤモンドの質は低く埋蔵量も減っている。現在、シエラレオネではキンベリットしか取れなくなっている。同じダイヤモンド産出国であるにもかかわらず紛争がないボツワナにも、キンベリットしかない。

土地問題と周辺国へのメリット

第5章に記したように土地問題も忘れてはならない。北キブ州は火山灰があるおかげで土壌が肥沃で、しかも1年のうち10カ月が雨季なので水に困ることはない。現地の風景は

1年中緑に包まれ、家畜を育てる環境としては十分で、湖の魚、新鮮なチーズにも恵まれている。4毛作までできる所もあり、同州は農業、畜産業共に最適の地となっていることは明らかである。火山地帯で取れる野菜は大変おいしく、北キブ州が「コンゴのパンかご」と呼ばれるのも納得できる。紛争中に、「ゴマに着陸する飛行機には武器が、そしてゴマから離陸する飛行機内には野菜が満載されている」と噂されたことがあり、ある学者が「この地域における農産物の生産力は世界一だ」と断言したほどだ。

土地問題はコンゴ東部だけでなく、アフリカで一番人口密度が高いルワンダではより深刻である。特に1994年にルワンダで新政権が樹立した結果、1959年に逃亡したツチ系難民が帰還すると予想されていたため、その難民の受け入れ用の土地が必要となった。またルワンダは20年後に人口が2倍に増えることが予想されている。第1次、第2次コンゴ戦争の際に、ルワンダが侵攻・侵略したのも増え続ける人口を住まわせる土地を確保するという目的があったからで、コンゴ東部をルワンダに併合するという計画も過去に何度かあったといわれている。ンクンダ将軍が北キブ州に「ヴィルンガ共和国」をつくろうとしたこともあった。

ルワンダがコンゴ東部を「併合先」に選んだのは、天然資源、水や肥沃な土地という好条件がそろっているだけでなく、他に最適地がなかったからだといわれる。ウガンダとタンザニア（1990年代当時はニェレレ大統領）はRPFと同盟関係にあるため拡張できない。ブルンジも小国で人口密度が高い。またルワンダ旧政権のハビャリマナ大統領の友人であったモブツ元大統領が、ルワンダ新政権の「敵」であったことも、コンゴがターゲットとされた理由でもあったという。

コンゴ東部には、「ブラッド・ダイヤモンド」のような、さまざまな「ブラッド×××」がある。戦争の恩恵を受けているのは誰だろう。コンゴ以外の国々、とりわけルワンダである。ルワンダはコンゴ東部を「併合」していないものの、首都キガリには「メルシー・コンゴ」というあだ名の高級住宅地ができた。別名「コルタン・シティー」とも呼ばれている。「コンゴ東部にある資源（の搾取）のおかげで、ルワンダの都市計画が進み、大変豊かになった。コンゴ、ありがとう！」という皮肉が含まれている。このあだ名はルワンダ人自身が使っており、搾取が広く公認されていることがわかる。

無視された国際社会の対応

ルワンダの急速な発展とは裏腹に、コンゴは悪循環のなかから抜け出せない状況にある。環境資源の収奪によって、戦闘が人間だけでなく、環境と社会構造の破壊も生んでしまっている。

2001年から2003年にかけて国連安保理に提出された「コンゴ民主共和国の天然資源やその他の資源の不法採取についての専門委員会」の報告によれば、ルワンダ、ウガンダ、ブルンジやジンバブエの政府軍やコンゴ人のエリートが、コルタンなどの資源を不正に採掘しているという。多国籍企業による資源の搾取と現場の労働環境に対して国際社会は対応しているが、事態は改善されていない。コンゴの資源が国内外の武装グループや多国籍企業を惹き付け、資源によって得られた利益が紛争の資金源となり、これがコンゴにおける紛争を長期化させている。

この国連報告書で西欧諸国やアフリカ・アジア諸国の157の企業や個人がやり玉に挙げられ、関係国は調査をするように要求された。多少改善された企業もあるが、ほとんどが処罰や制裁など何のフォローアップもされなかった。ウガンダのムセベニ大統領の弟の実名も挙げられているが、ウガンダ政府はルワンダ政府と共に反論するだけだった。せっかく内容が濃い報告書であったのに、それが有効に活用されておらず、大変残念である。問題は認識されても、それに伴う行動が続かなければ何の意味もない。

さらに、HRWは、天然資源の搾取と国際ビジネスの関係を指摘している。これは経済協力開発機構（OECD）が定める多国籍企業の規範とも関連する。これは社会的責任に関する初めての国際的な法律文書で、人権の尊重や持続的な開発への支援といった企業の行為をモニターするものである。これに関して、国連人権委員会において、人権と多国籍企業に関する文書が2005年4月15日に決議された。この決議は、投資、雇用の拡大、経済成長の促進によって、ビジネスが人権の尊重に貢献できることを目指したものだ。

しかし、コンゴ東部における採鉱の現実は未だ非人間的なものにとどまっている。鉱夫は訓練、道具や防護策がないという厳しい条件下で、非合法に働かされている。仕事は不定期で、紛争による人口移動で中止されることもある。コンゴ人は資源の恩恵を受けることができず、権力者にしか富が行き渡らない構造が残っている（第8章を参照）。

これからも環境資源と紛争の関係が課題になるのは間違いない。家畜や農業などはコンゴ国内や隣国にとどまるが、レアメタルは日本を含む外国にどんどん密輸される。

和平交渉で経済問題が率直に話し合われ、和平合意に天然資源の問題を挿入するなど、早い段階で環境と紛争の関係に注目しなければならない。紛争、搾取、武器とビジネスが絡んでいることを知った上で、より公平な資源の管理が必要とされる。たとえば国際NGOグローバル・ウィットネスが提唱しているように、コンゴ政府は産地を記した書類を発行すべきである。鉱物を取り扱う企業も強制労働、児童労働、危険性などの労働環境を調べた上で取引すべきである。これらの問題は決して他人事ではない。コルタンやスズの需要が高い日本も積極的に取り組むべきである。

註

(1) 天災や人災で脅かされ、危機に瀕した世界遺産。

(2) 紛争が終わっても、難民条約の終止条項が自動的に適用されるわけではない。国によっては、紛争後10年経っても民主化が進まず、人権が守られていないという理由で、国外にいる難民を認定している場合もある。終止条項に関しては、UNHCRと難民の出身国や受入国との三者会議で決定される。

第8章 「舞台劇」の裏で

大湖地域の歴史を振り返り、「もしも」と考えてしまうことがある。もし1994年にPKO軍のようなものをコンゴ東部に派兵していたなら、その後のコンゴ東部での二度の戦争はなく、難民やコンゴ市民も殺戮されることはなかったかもしれない。ルワンダ虐殺から15年経って、FDLRのことで悩むようなこともなかったかもしれない。1994年以前の話をすると、ルワンダの虐殺も止められたはずだ。当時アフリカ中央部に駐在していたアメリカ、フランスやベルギーの兵力は1、500人。現地のPKO軍の増力のためにルワンダに派遣されていたら、虐殺はあれほどまでには広がらなかったに違いない。虐殺が始まって2、3日後にルワンダ入りしたフランスとベルギーの軍隊1、000人がそれぞれの国民だけを救ったことはよく知られている。たとえ増派ができなくても、PKO軍が武力行使を許可されていたら、市民の命を救うことはできただろうと、当時の在ルワンダPKO軍のダレール司令官は言う。実際には、その後失った命とコストはもっと高くなってしまった。病気と同様に、紛争と暴力の予防は早いに越したことはない。それがルワンダではできなかったことに関して悔まれる。と同時に、虐殺やコンゴ東部の混乱に対して、たとえ何かの行動を起こしたとしても残念ながら止めることはできなかっただろうとも思う。何しろ最初から「舞台劇のシナリオ」が組み立てられており、それを変える余地がなかったからである。

ではその「シナリオ」とは何だったのか。本章では、大湖地域で起きたいくつかの大量殺戮の真相とそのスポイラー（Spoiler —平和を台無しにする人）、そしてアフリカの大国南アとアメリカの介入に焦点を絞って、舞台裏で起きたことを追跡してみたい。

数々の大量殺戮の真相

大湖地域では、ルワンダ虐殺とほぼ同レベルの殺戮があちこちで起きたが、真相が明らかにされていない点も多い。

まずルワンダの虐殺。虐殺が始まったのは、ハビャリマナ大統領が乗っていた飛行機がキガリで撃墜されたことが契機となっているといわれる。タンザニアの首都ダルエサラームで開催された会議に同大統領が出席し、キガリへの帰り道に事件が起こった。そもそもその会議は、同大統領が出席しなければならない緊急のものではなかったらしい。信疑のほどは定かではないが、同じ会議に出席する予定だったモブツ大統領は、事前にパリの政府高官から警告を受け、友人のハビャリマナ大統領にも行くなと伝えたが、ハビャリマナ大統領はそのアドバイスに応じなかったという。

一般的に知られている虐殺の構造は、フツ過激派（加害者）対ツチとフツ穏健派（犠牲者）である。しかし、虐殺直後の調査に基づく、UNHCRの報告書（Gersony Report）によると、その後政権をとったRPFも1994年4月から8月まで虐殺に関与し、約2万〜4万人の市民が犠牲になっている。ルワンダ国際戦犯法廷（ICTR）はこの報告書を世界中で探したが、見つからなかったという。歴史学者のプルニエルは「せっかくこれから新政権を樹立しようとしているツチにとってマイナスになるため」、同報告書が国連から「発禁処分」（embargo）され、処理されてしまったと書いている。

国際社会による虐殺への介入も不可解な点が多い。虐殺が始まって2週間目に、ルワンダ国内にいた2、500人のPKO軍を1／10の250人に激減させるという国連安保理の決議が出されたからだ。6週間目には、国連安保理は4、500人派兵することを決議し、アフリカ諸国の軍隊が待機したが、アメリカとイギリスが意図的に妨害をしたため、結局人も軍資も送ることができなかった。

この時のアメリカ国連大使であったオルブライト大使は、上記の国連安保理の議場にいた。当時のアフリカ担当のライス国務次官補も、ルワンダ虐殺を巡る機密情報を知っているはずだ。しかし両氏はアメリカの法廷での証言を拒否し、数年後にはそれぞれ国務長官と国連大使に昇格している。マッキニー米下院議員（当時）は「国務省はルワンダ虐殺に関する情報を包み隠そうとしている」と訴え、また第1次戦争でコンゴの戦争犯罪に共謀していたクリントン政権を告発した。しかし、何の反応もないままである。

また、フランスの介入も不可解だ。1994年7月にルワンダ避難民への人道支援という名目で、ルワンダ南西部にフランス主導の多国籍軍「トルコ石作戦」を展開した。だが、真の目的は虐殺首謀者のコンゴ東部への逃亡を促すためであったといわれる。虐殺首謀者を生んだルワンダ旧政権とフランスとは同盟関係にあり、ルワンダ現政権によると、フランスは虐殺が起きる2年前から旧政権の軍隊に訓練をしていた。ルワンダ現政権とフランス両政府は、お互いに「貴国が虐殺に加担した」と指を差し合っていた。フランスの判事がハビャリマナ元大統領の殺害に対してカガメ大統領の起訴を求めたことに抗議して、ルワンダ政府は2006年11月にフランスとの外交関係断絶を宣言した。

他の大量殺戮を見てみよう。「トルコ石作戦」展開地にあったキベホ避難民キャンプでは、1995年にはフランス軍はすでに撤退していたため、国連PKO軍等がキャンプの警備に当たっていた。そこで、1995年4月にRPF政権によって少なくとも8,000人のフツ系避難民が殺されたのである（ルワンダ政府は、死者数を330人と発表）。しかし、この事件はルワンダのメディアで取り上げられることはない。一方、2004年8月にブルンジ反政府勢力（フツ系が主導）が、ツチ系コンゴ難民が収容されていたブルンジのガトゥンバ・キャンプを攻撃し、152人が死亡、106人が傷を負った大事件があった。これについてルワンダのメディアは、「国際社会はこの事件を大量殺戮（massacre）でなく虐殺（genocide）として承認するべきだ」と主張している。犠牲者の民族、そしてルワンダ政府の関与有無によって扱いが見事に異なる。

スポイラーは誰？

紛争当事者の中には、穏健派と、和平は自分たちの不利益につながるという理由で「平和を台無しにする人（スポイラー）」の2種類のグループがいる。スポイラーが和平づくりのプロセスを複雑にするので、この存在に注目し分析することは和平プロセスの必須条件でもある。こうしたグループに対して資金や武器を支援し、紛争を長期化させている人々や組織を見分け、紛争のシステムを理解した上で、対策を練らなくてはならない。このスポイラーは「舞台劇」の悪役でもあるのだが、美化されている場合が多く、裏の裏まで読まないとその存在がわからないかもしれない。

コンゴの和平プロセスでは、暗殺される前のL・カビラ前大統領とFDLRが国際社会からスポイラーとしてとらえられていた。前者がなかなかMONUCを受け入れようとしなかったために、和平プロセスが進まなかったからである。1999年以降は、FDLRさえいなくなれば大湖地域に平和が訪れるといわれており、FDLRは"Negative Force"（マイナス勢力）というレッテルが貼られている。こうしたマイナス勢力はスポイラーとも呼べるだろう。確かにFDLRの主要なリーダーらは大量殺戮に関与した戦争犯罪人だ。しかし、国際犯罪裁判所（ICC）に送り込まれた武装勢力にいたコンゴ人4人以外に、虐殺と同様の行為に手を染めた組織や個人は他にも多数いるのだ。それなのにFDLRだけが虐殺者扱いをされることに疑問を感じる。

FDLR以外の主要なスポイラーにはルワンダ政権（RPF）も含まれ、コンゴの和平プロセスを検討するにあたっては、旧・現ルワンダ政権とともに注目すべきである。なぜなら、ルワンダは、コンゴ東部を不安定化させている一要素であり、大湖地域が抱える問題の根源でもあるからだ。ルワンダ内の暴力はなくなったものの、まだ紛争の構図は残っている。ルワンダ虐殺当事者もコンゴ東部だけでなく、ヨーロッパなどにも亡命している。

1994年の虐殺、1996年と1998年の第1次・第2次コンゴ戦争の3つに共通することは、いずれもルワンダが「震源地」であった点にある。まず虐殺後、大量のルワンダ難民が逃亡し、それに紛れてコンゴに着いた虐殺首謀者が難民キャンプを支配した。当時すでにルワンダ系住民の国籍がコンゴ東部でもウガンダでも問題となっていた。AFDL、RCD、CNDPやFDLRといった武装勢力はルワンダ関係者によって結成され、コンゴの政治に大きな影響を与えた。L．カビラ以外のAFDLのメンバーは1998年にRCDに加入し、その後CNDPもRCDの「後継者」のような形として生まれた。

ルワンダ政府軍はコンゴを二度攻撃し、民間人に対して戦争犯罪と人道に対する罪を犯した。資源が豊富にあるところでは、特に市民の殺人が多かった。第1次戦争中に、コンゴの反政府勢力とルワンダ政府軍の各リーダー、すなわちL．カビラとカガメ副大統領（当時）自身が、数万人にものぼるルワンダとブルンジ難民やコンゴ人住民の殺戮に関わっていたことも国連の一部の調査で明らかになった。ルワンダ難民の生存者の中に、その目撃者もいる。[1] その殺戮の中でも、キサンガニでの殺害は、数年後に大統領になったＪ・カビラ少将（当時）とルワンダ政府軍のカバレベ大佐（当時。この2人は縁戚関係にある）が指揮に当たっていた。

コンゴ第3の都市キサンガニでは、１９９９年から２０００年にかけて、ダイヤモンドをめぐってルワンダ軍とウガンダ軍が三度衝突している。その過程で、多くのコンゴ市民が殺された。コンゴ国内で、現地の勢力同士ならまだしも、外国軍同士が戦闘することは想像もできないことだ。ルワンダとウガンダを保護してきたアメリカも、さすがに両国の行動を問題視し、国連の安保理も両国がコンゴの主権を侵害していることを認めた。

２００２年12月に和平合意が調印されてから、ルワンダ政府はコンゴ武装勢力ＲＣＤへの武器支援を止めたと宣言した。それにもかかわらず、２００３年2月に北キブ州のセルフリ知事（当時）は、国連の武器禁輸令を破って、ルワンダから武器や軍服の供与を受けていたことを認めた。さらにセルフリ知事の下で、数千人のルワンダ人兵士がＲＣＤと民兵に統合された。また、彼は「すべては開発のために」という名称のＮＧＯをつくったのだが、そのＮＧＯは開発どころか、ルワンダから大量の武器をもち込んでいた。彼の名前も前記のM氏と同様に、人権団体の報告書に「大物の人権侵害者」として載っている。

第1次、第2次戦争に関して、当初ルワンダ政府は戦闘への関与を否定していたが、後にコンゴ東部での駐留を認めた。「安全保障上の理由」ということであった。コンゴ東部には、ルワンダ政府が管理する強制収容所があり、奴隷同様の扱いを受けている囚人が資源の採掘に従事しているといわれている。このような不法侵略や資源の不法搾取を通じて、ルワンダ軍はコンゴ東部に最低6年間は駐在したことになる。

南アフリカの裏工作

南アはアフリカにおける西欧諸国の窓口として、1996年の第1次戦争から2006年の大統領選挙までの間、コンゴの和平プロセスの裏工作に関わっていたといわれている。

1997年4月のことであるが、南アのムベキ副大統領（当時）はアメリカで、「ザイールの新しい誕生」と題する演説をしている。この演説からは、南アが少なくとも1997年前半にコンゴが政治的に変化することを知っていたことが明らかである。

「新時代を拓くザイールを目にすることができて光栄である…新しいザイール―民主

的で平和的で、裕福で、人権を守り、新しいアフリカとしての手本である国――、それを恐らく新しい国名で大陸のど真ん中で見ることになるだろう…
アフリカ人として信じたい。最終的にわれわれが見るのは、闇の奥ではなく、新しいアフリカの星であることを。これもザイール人の賢明さのおかげであろう[2]…」

この演説は、マンデラ大統領（当時）が仲介役として行ったモブツ前大統領とL・カビラ間の調停（5月4日）、そしてAFDLがキンシャサのモブツ政権を倒す（5月17日）直前に行われたものだ。ムベキ副大統領はすでに国名が変わることを知っており、アメリカのような大国と、コンゴの新体制について前から話し合っていた可能性が読み取れる。そのことは、ムベキ副大統領がL・カビラが政権をとった翌日にすぐさまコンゴ入りしたことからも明らかであろう。

南アはルワンダとウガンダのコンゴへの越境侵略行為に関しては何の非難もしなかったが、コンゴの停戦・和平合意や対話には深く関与した。南アはルサカ合意の署名者ではなかったにもかかわらず、ウガンダ政府の支援とアメリカの指導を受け、L・カビラ大統領とその政権の政治的運命を保証するために合意文の草案を手がけた。また、J・カビラが

2001年1月に大統領に就任した際、彼に会いに行った最初の外国の大統領はムベキ大統領であった。ただし、そこで何が話されたのかは明らかにされていない。

また南アは、国内の高級リゾート・サンシティーでの1カ月以上にわたるコンゴ国民対話と大統領選挙に莫大な費用をかけた。なぜここまでして、南アはコンゴの和平に取り組んだのだろうか。「アフリカ大陸のリーダーとして、和平をもたらすため」、「自国におけるアパルトヘイトから民主主義への和平プロセスを、他のアフリカ諸国で生かしたいから」というが、本当だろうか。

そもそもコンゴ国民対話の真の目的は、J．カビラ大統領を国家元首として承認するものであったとされる。国際社会の意向は、モブツやL．カビラ前大統領が中止した外交と経済関係を再開することであった。コンゴ国民対話が実施された直後には、世界銀行とコンゴ政府の間で4・5億ドルの貸付の合意が交わされていることからも、これは明らかであろう。南ア企業は、コンゴの将来の政治情勢が明らかなものとなるまで、コンゴへの進出を控えていたが、国民対話が始まるとすぐに、南アの外務省は南アのビジネス関係者とAFDL（L．カビラ政権の外務大臣カラハが率いる）間の交渉の促進役を務めている。

南アの同盟相手であったRCDにとって、コンゴ国民対話はルワンダに有利なコンゴ政府を築き、同国東部においてルワンダの影響を合法化することを意味していた。すなわち、ルワンダ系住民やルワンダ人をコンゴ東部地方政府の幹部に就かせ、資源の搾取のために経済的パートナーを見つけさせ、ルワンダ系住民にコンゴの国籍を与えさせることである。以前のルワンダのビジムング大統領と、カガメ副大統領（実際の権力者）の関係（第6章を参照）と同様に、ムベキ大統領は全権を委任できる副大統領の地位をRCDに渡そうとした。ムベキ大統領は、ルワンダ政府から承認を得るために合意の草案を提出しただけでなく、ルワンダの利益を優先するために交渉を操ろうとしたといわれている。これによって、仲介役であったムベキ大統領は第三者としての信用を失った。

調停者という顔とは裏腹に、南アはコンゴの天然資源の搾取に関わっている。第7章で記したように、国連報告書によれば、南アの15企業がコンゴの天然資源の搾取に関与していたが、国連安保理の決議1457に基づいた調査や懲罰を南ア政府が実施することはなかった。それどころか、同報告書で名指しされた南ア企業のいくつかが、2004年1月のムベキ大統領のキンシャサ訪問に同行したのだ。トウキョウ・セクスワレという南アの政治家（ビジネスマンでもある）は、コンゴ北東部での金掘削プロジェクトに、100億ドル以上の投資をしている。

南ア企業は武装勢力ともビジネスをしている。例えば2002年には、RCDの代表がコンゴ東部にスーパーセルという携帯電話の会社をつくったが、これはルワンダに携帯ネットワークをもつルワンダセルの姉妹企業である。ルワンダセルは、南アの携帯会社MTNによってつくられ、ルワンダにおいて携帯電話の許可を得た最初の企業でもあった。また南アのある企業は、ウガンダ経由で北キブ知事（当時）のセルフリに無線電話を提供したが、この電話はセルフリが新しく民兵を勧誘するために使用された。ムベキ大統領（当時）の弟もルワンダに農業や建築分野の投資をしていたという。

さらに1994年の虐殺前以来、南アはルワンダ政府に軍事支援を続けている。第1次コンゴ戦争中、ルワンダ軍による武器の使用が懸念されていたにもかかわらず、当時のムベキ副大統領はルワンダへの武器供与を許可した。第2次戦争の時も、南アはL・カビラ政府側と反政府勢力を支援する国々に武器を売っていた。南ア政府および企業関係者は、これらの行為によって、紛争を長期化させたのである。

アメリカとルワンダの関係

ルワンダはアメリカ人がビザなしで入国できるアフリカ唯一の国であり、ルワンダの米国大使館はアフリカ最大級の規模を誇るという。つまり、ルワンダは小国ながら、アメリカにとってアフリカで最も重要な戦略拠点の1つとなっているのだ。それだけに、一連の動きの背後にアメリカの関与を嗅ぎ取る向きもある。

アメリカ政府とRPFとの軍事関係は1990年に始まったといえる。同年、RPFがルワンダに侵攻した時、当時ウガンダ軍の大佐であったカガメはアメリカで軍事訓練を受けていたが、この知らせを聞いて、直ちにルワンダに飛んだ。1994年にRPFがルワンダに入って虐殺を「止めた」とき、それまでルワンダへの介入を躊躇していたアメリカ政府は内心ほっとしたに違いない。と同時に、アメリカ政府はカガメのリーダーシップと戦略力に感銘を受け、彼を利用して大湖地域の安定を図ることを決意したといわれている。

しかし、RPAのムガベ元諜報機関員の証言は異なっている。虐殺開始後、RPFが虐殺を「止めた」との印象を与えるために、カガメはアメリカ政府と国連に介入しないように呼びかけたと証言しているのである。また、カガメはハビャリマナ大統領の殺害が虐殺の引き金になると認識していながら、RPFは飛行機を爆撃したという。

1997年のデンバーG7サミットでは、アフリカと西欧諸国の新しい関係をどのようなものに転換するかについて、G7として初めて協議された。その結果、主要決議では、多国籍企業のアフリカ鉱物資源のへのアクセスが呼びかけられた。同年10月、アメリカを本拠地とする多国籍企業によって、「アフリカの成長と好機（African Growth and Opportunity: AGOA）」という法案が議会にもち込まれた。その目的は、アフリカにおけるアメリカ多国籍企業の覇権を保証し、企業に対する税制緩和などを奨励することにある。そのため、アメリカ議会の黒人団体Black Caucusは、デンバー・サミットを「第2回ベルリン会議」と名づけた。このデンバー・サミットやAGOAは「舞台劇」のシナリオに入っていたであろうが、当初アメリカ政府が期待していたほどの成果はまだ現れていない。

1996年の第1次戦争の際、AFDLがコンゴ東部を侵略する1カ月前の1996年9月に、国連はルワンダに対して武器の禁輸令を解除した。アメリカからの圧力があったからである。アメリカや南アなどの企業は当時AFDLのリーダーであったL・カビラと契約を結んだ。その企業の中には、クリントン大統領（当時）の出身地アーカンサスに本社をもつアメリカン・ミネラル・フィールド社も含まれていた。L・カビラはこれらの企業に、戦争のための資金を提供するという条件と交換に、ダイヤモンドの独占権を与えた。しかし、その後L・カビラは、武装勢力のリーダーから大統領という公的な立場に変

首都キンシャサにあるローラン・カビラの銅像は北朝鮮がつくった。

わったので、改めて合法的に企業と契約を結び直そうとしたのだが、アメリカの企業は拒否した。そのためL．カビラ大統領はこれらの契約を無効にし、マレーシアや中国などアジアの国々と契約を締結した。その中に北朝鮮が含まれていたかは不明だが、1つ明らかなのは、北朝鮮軍がコンゴ軍に軍事訓練の協力を行い、その見返りとして鉱物資源が北朝鮮に提供されたことだ。アフリカを利用してきたアメリカであるが、L．カビラ大統領に裏切られたのである。L．カビラ大統領がその後暗殺されたのは単なる偶然の一致だろうか。

ルワンダはアメリカが抱える「虐殺を止められなかった」という罪責の念をうまく利用して、膨大な軍事支援を受け取っている。当時のクリントン大統領の側近は、「大湖地域問題の軍事的解決のためには、同地域の国々に強力な軍事政権を樹立させる必要があった」と述べたという。第1次戦争中、ルワンダ政府軍に混じってアフリカ系アメリカ人の軍隊がいたことは知られている話である。そして1996年から1997年にかけて、コンゴ東部に散らばった虐殺首謀者を追跡するための衛星は、アメリカ政府が提供している。また、1998年のルワンダによるコンゴ侵攻の2日前に、多くのアメリカ軍専門家がコンゴ国境付近において目撃されている。

AFDLがルワンダとブルンジ難民やコンゴ市民の「虐殺」に関わっていたことに関して、L．カビラ大統領からの許可がおりなかったために、国連は調査を中断せざるをえなかった。アメリカ政府がL．カビラ大統領に対して、調査団に協力しないように指導をしたといわれている。当時のカガメ副大統領の対外イメージを損なわせないため、またツチこそが大量虐殺の脅威にさらされている印象を与えたかったからであった。その結果、国際社会は、ルワンダのコンゴへの侵攻もルワンダの安全保障のためと理解し、ルワンダに何の非難もしなかったのである。この点において顕著だったのがアメリカであった。イラクのクウェート侵攻時と大違いである。またルワンダは、2003年イラク戦争の際に、国連安保理で速やかにアメリカを支持した数カ国の1つであった。

クリントン大統領は、ルワンダとウガンダがコンゴで犯した人権侵害に関して非難するどころか、「アフリカにおける模範的指導者」「アフリカン・ルネッサンスのリーダー」と両大統領を絶賛している。それに加えて、ルワンダとアメリカ両政府は、「FDLRはマイナス勢力・テロリスト」と、繰り返し訴えているのである。クリントン大統領の1998年3月のアフリカ訪問も、FDLRと戦うルワンダへの軍事物資輸送のためだったといわれている。

なぜアメリカとルワンダのRPF政権とは密接な関係にあるのか。よく指摘されることとして、RPFがアフリカの他の政権にはみられない勤勉さ、強固な団結力を有していることが挙げられる。これらの特徴から、アメリカはRPFやツチこそがアメリカの政治的、経済的そして軍事的なパートナーになり得るとの結論に達したといわれている。RPF政権側からすると、少数者ツチは多数者フツから常に安全を脅かされており、虐殺を阻止するためには、世界最強の軍事力をもつアメリカの軍事協力が不可欠という事情があった。

北キブ州に長く暮らすアメリカ人男性の話は、このようなアメリカ政府とルワンダ政府の密接な関係ぶりを補強する。ルワンダ軍がコンゴ東部に侵攻し、第2次戦争が戦われていた2001―2年頃のことであった。ルワンダ軍は、そのアメリカ人の家の倉庫に、自分の敵であるコンゴ民兵が隠れているのではないかと疑っていた。ルワンダ軍の兵士は最初その男性に無礼な態度で接していたのだが、アメリカ英語を聞いたとたん、態度がガラッと変わった。

「あなたはアメリカ人なのか。」

「そうだ。」

それを証明するために、男性は自分のパスポートを見せた。すると、ルワンダ兵は頭を下げて、

「それはすまないことをした。われわれはアメリカから支援を受けており、大変感謝している。フランス人だったら殺していただろう。」と謝ったという。アメリカとルワンダ両国のパトロン―クライアント（親子―子分）の関係がこれで明らかであろう。

註

（1）詳細は、Umutesi, Marie Béatrice. *Surviving the Slaughter: the Ordeal of a Rwandan Refugee in Zaire*, University of Wisconsin Press, 2004 を参照。

（2）Thabo Mbeki, *Africa: The Time has Come*, Johannesburg, Mafube, 1998, 200-201.

第9章　望ましい人道支援のあり方

コンゴ東部の紛争はどうして起きたか、と一般のコンゴ人に質問すると、皆一様に次のように答える。

「われわれは本来平和的な国民なのに、外国人が入ってきたために戦争が起きた。」

またコンゴ難民に「どうしたら、現在のコンゴ東部紛争を止めることができるか」と聞くと、

「アメリカの関与さえなければ平和になる」と大多数が答える。

確かにそれも一理あるかもしれない。ルムンバ首相も大国に立ち向かったために暗殺された。そのため、一般のコンゴ人は、外部に従順で依存しがちになったのかもしれない。あるコンゴ人のコメントが興味深い。「よくコンゴ人は『われわれの国は資源が豊富だ』と自慢するが、その資源を利用して開発しなければ無駄になるだけだ。コンゴ人には発展

しようという能力が足りないから、外国人が入って搾取するんだ。」

　コンゴ東部紛争の解決のためには、外部者が仕切るのではなく現地のコンゴ人が問題解決能力を向上させる必要がある。このような能力を身に付けるために、人道支援機関はどのようなアプローチをとるべきなのだろう。本章では、この点について、ゴマでの人道支援の現実とその教訓をもとに提案したいと思う。

「帝国主義的」人道支援

　1994年にゴマで人道危機が本格的に始まって以来、援助物資の配布、医療ケアや（避）難民キャンプづくりといった、緊急事態への素早い対応や短期の援助ばかりに人道支援機関の焦点は集まってきた。そのため、すでに依存傾向を有していた地元行政関係者や現地の人々は、人道支援機関や外国人職員にますます依存心を抱いてしまった。

　2008年1月時点で北キブ州には、国連機関が10、国際NGOが52、そして地元のNGOが69団体あった。2007年8月下旬に緊急事態が発生した結果、アメリカのNGOも増えたが、他の国際NGOはフランスなどヨーロッパの団体が多い。人道支援機関以外にも、MONUC、報道関係者、拠出国、アメリカや欧州連合などの国際和平監視団がいた。他の事例と比べても、人道、開発、平和活動などに関わっている団体の数やプロジェクトの「量」は大変多い。しかし長期にわたって現地人の育成がおろそかであったため、持続性が欠けている点で活動の「質」が問われる。行政や現地人を、ある意味で「甘やかし」続けた人道支援機関の責任は否定できない。

人道支援の「質」の問題の一例として、毎週行われる「人道支援機関の国会」のような会議を挙げたい。さまざまな団体の活動の重複を避けるため、人道面で調整役を果たすのが国連人道問題調整事務所（ＯＣＨＡ）であり、この会議の司会をＯＣＨＡが務めていた。地元政府は招待されず、国連機関とＮＧＯ３団体しか出席できなかったその会議では、アクションへの提言や、「ＵＮＨＣＲは避難民キャンプで24時間常置するコンゴ警察に対して１日１人３ドルの食事代を支給すべきかどうか」といった点についても話し合われる。この会議の運営規約にはそういう規定はなかったが、多くの団体が同会議は人道支援についての決定権をもっていると誤解していた。実際、ＯＣＨＡは権力があるように振る舞っていた。

この「人道支援の国会」が、コンゴ政府が十分機能していなかった戦時中や暫定政権の時代に行われているのなら、まだわかる。しかし不安定な状態にあるとはいえ、新政府は2007年に成立している。地元政府の存在を軽視し、時にはそれ以上に指導権や決定権を発揮する人道支援機関。まるで自分たちの国であるかのようだ。これでは「帝国主義的な」あるいは「植民地主義的な」人道支援機関と揶揄されても仕方ない。地元の人にとっては、何とも不愉快なことである。

コンゴ政府はというと、「人道支援者はほとんど政府と協力せずに、自分たちで好き勝手にやりたい放題」と時折こぼすが、それに対して特に何の行動もとらなかった。私はアフリカ数カ国で勤務したことがあるが、他の国でこのような振舞いをしたら、「われわれの政府をなめているのか」と、強制的に追放されかねない。コンゴ人がお人好しなのか、それとも単に外国人に頼る文化が根付いてしまったのか、ルムンバ初代首相やL・カビラ前大統領の暗殺後、御上には逆らわない文化が出来たのかわからないが、コンゴ人の国民性が悪用されてしまっている。

実をいうと、私はゴマでの任期の最初の頃、この「人道支援の国会」の風景を当たり前だと感じていた。国際的な団体は人道支援の基準を十分認識しており、経験が豊富というメリットがある。人権侵害の加害者はコンゴ軍や行政関係者であるケースが多く、中立的でかつ避難民や一般市民に近い立場にあるわれわれが、行政に「代わって」公平に犠牲者を保護し、支援すべきだと信じていた。

しかし2007年に戦闘が再燃し、学校や教会に逃げ込んだ新着避難民への対応をどうするかというジレンマに直面したとき、地方政府の重要性を強く実感した。そして次第に、「人道支援の国会」に行政関係者を参加させないことに、疑問をもつようになった。というのも、UNHCRは、新着避難民のためにキャンプをつくる手段を選ぶのだが、その場所選びは行政が必ず最初から絡む必要があるからだ。特に第7章で述べたように、この地域では土地をめぐるデリケートな問題があり、国有、私有にかかわらず土地関係の問題は行政が管轄しなければならないからだ。ましてや避難民を保護するのは本来国家の仕事である。

UNHCRと行政がキャンプの場所探しで走り回っているのと同じ時期、ある国際NGOが単独でキャンプの場所を探していた。そのNGOはキャンプ運営の担当ではなかったにもかかわらずである。そして、その候補地をまずは「人道支援の国会」に、そして最終的には行政に提案した。おそらくそのNGOは効率よく速やかに物事を運ぶためにそのような行為にでたのだろうが、さすがにコンゴ政府はなめられたと思ったのだろう。そのNGOの信用度が地元政府内で落ちるなど、マイナスの結果を生んでしまった。反対にUNHCRは、最初の時点から行政を巻き込んだので、大変感謝された。

行政と市民のエンパワーメント

UNHCRではルワンダ難民の帰還にあたって、行政と常にパートナーとして働いていたため、それが当たり前になっていた。しかし他の団体は、行政に不信があるのか、協調する姿勢がみられなかった。行政が「人道支援の国会」に招待されないのは、ほとんどの団体が「行政官がいると話しづらいし居心地が悪い」と感じるという理由があるからだ。その会議で特に内密にすべき点が話されていないのにもかかわらずである。

コンゴ人の行政官の中には、賄賂ばかりを要求し、人道支援や人権問題に対する意識が低い人もいる。そのために仕事が進まず、イライラさせられることは何度もある。また完全に外部アクターに依存している行政官も多い。例えばキャンプに避難民がどんどん流入し、受け入れ用の土地不足の問題に直面した時、私は行政官に解決策を求めたが、「国連のみなさんに答えをだしてもらいたい」という返答が返ってきた。確かに頼りないが、長年の腐敗した政府や戦争のせいで行政官も市民もサバイバルすることで頭がいっぱいだったので、それは仕方がないかもしれない。また第1章に述べたように、コンゴのオーナーシップ欠如の問題は、日本を含む西欧諸国が歴史的につくりだした部分もあるので、一方的にコンゴ人を非難するのは間違っている。

私はある国連の幹部に、コンゴ政府がもっと積極的に人道支援に関われるように、人道支援機関と行政との合同会議を提言したことがある。また第2章に述べたように、課題グループの議長を地元政府がしていない場合が多く、それを促進するよう提言した。しかし、その幹部は、

「仕事の形態より、結果のほうが大事。政府の介入には時間がかかり待っていられない。参加者は誰でもいいではないか」と、ぶっきらぼうに答えるだけだった。

確かによい結果を出すことは大事である。しかし彼が言う結果というのは単なる「短期的な結果」であり、長期的な持続性がない。教育や育児と同様、すぐに結果を求める方がおかしい。こういう計画性や柔軟性に欠けているやり方だから、いつまで経っても人道危機も続くのではないか。私は別の機会にその幹部に違った質問を投げかけた。

「ここ北キブ州にはあまりにも短期的な視野に基づいた支援が多すぎて、教育、キャパシティ・ディベロップメントといった長期的支援が不足しています。結果を早く出す必要はありますが、紛争を解決するためには、緊急事態の最中でも開発支援を少しずつ入れ、そして徐々に人道支援を減らすべきです。それが最終的に行政と現地の人の自立につながるわけですから。そうでなければ悪循環が続くだけです。もっと長期的な開発型の視点や支援を強化できませんか。」

この提案に対して彼は笑って答えた。

「でもわれわれは人道支援機関だから、長期なものは無理。短期的なモノで精一杯だよ」

何のために、そして誰のために人道支援をやっているのかが見えず、その上無関心なこの姿勢に、私は大変がっかりしてしまった。そしてもっと悲しいことに、その場にいた周りの人道支援機関の中には、私のフラストレーションを理解してくれる人は少なかった。

人道支援機関が政府や市民と密にコミュニケーションをとっていなかったために、MONUCや人道支援機関に対するデモが起きたことがある。2007年11月と2008

年1月に、ルチュルという町の中心部では、人道支援機関の車やインド軍が投石を受けて、インド軍兵士約20人が怪我をした。デモの原因は人道支援が避難民に十分行き届いていなかったこと、また現地で活動していた国際NGOがゴマでのみ現地職員を雇い、ルチュルには雇用の機会を与えなかったことだった。ルチュルの人々が怒ってデモを展開したのも理解できる。

確かに人道支援機関やNGOはミスを犯したが、行政も管理地のことをしっかり把握し、厳しく取り締まる必要があった。しかしルチュルの行政官は、「いろんな団体がルチュルに来るけど、みんな勝手に活動しているみたい」とこぼすぐらい情けない態度だった。この事件以来、ルチュルでは行政と人道支援機関の間で活動の調整会議が週1回開かれるようになり、情報の交換については多少改善された。

長期のキャパシティ・ディベロップメントに対する関心のなさに関しては、主要援助国やメディアにも責任があると思う。戦闘の中、自分の村から家族を連れて家財道具をもって逃げている（避）難民の姿、押しかける群衆や混乱の中、患者を診る医者など。このような、ニュースにもってこいの、胸が痛くなるような映像を作り出す「CNN効果」のおかげで寄付や資金が集まりやすい。また援助国は何かと「ビジビリティ」（目に見えるもの）を求めるため、学校や保健所のインフラ建設などのプロジェクトへの援助を行いたがる。

実はこのような「物質（短期）的」な支援はやさしいが、「精神（長期）的」な支援が伴わなければ持続できない。例えば支援者らは、学校の建設以外に、質の高い教員の育成、定期的な給料の支払い、協力的なPTAの育成といった広い課題にも取り組まなければならない。インフラ以外の問題が放置されると、生徒や先生は学校に現れず、学校は無人になるからだ。また紛争後の国であれば、対話などを通じて民族和解を促進すれば紛争も予防できる可能性が高い。このように現地の人々の自立につながる長期の開発プロジェクトは、生活改善に貢献するために不可欠なのだが、あまりにも「地味」すぎて映像的にはアピール度は低い。

なぜ、行政、市民、そして現地職員の人材育成が必要か。もちろん人々の自立が第一目的であるが、ここでは人道危機時のみに限定して考えてみよう。第一の理由は、治安が悪化すると、国連機関やNGOは即、国外に避難するが（その際に現地職員は活動を続ける場合が多い)、行政関係者はその土地にとどまり続けるからだ。ゴマやその付近が反政府勢力に支配され、行政官も(避)難民として他の町や隣国に逃亡する際は別としてであるが。そのため外部の人道支援機関がいなくても、天災や人災の危機に対して行政やコミュニティー自身が対応できる能力をつけていなければならない。人道支援機関の存在がほとんどない地方においては特にそうだ。

第二の理由は、緊急事態の現場で働く外国人職員の回転率は非常に高く、数年、ひどい時には数カ月しか現地に滞在しないからだ。環境の厳しさや治安の悪さから心身ともに疲れ果てる人が多く、「この数年、戦争や虐殺のことばかり話していて脳が完全におかしくなった。普通の生活に戻らなきゃ」と、任務後に母国に帰国したり次の赴任先に移るという逃げ道はいくらでもある。短期間だけ仕事に集中し、後任者(外国人の場合が主に多い)にバトンタッチするのが慣例となっている。そのため現地スタッフの現地の知識に基づいた分析力や行政関係者のリーダーシップが必要で、そうした人材を養成しなくてはならない。人道支援機関は行政や市民を批判するだけでなく、尊敬し、共に助け合い、学び合いながら一緒に働く姿勢を示すべきだ。

火山噴火とコレラの発生

外国人といった外部アクターに依存せず、正しいと思ったことは自分たちで決めて行動をする。当たり前のことだが、そういった人材教育の大切さを痛感させられたのは、ニィラゴンゴ火山の噴火当時の様子を聞いたときである。

2002年1月17日の噴火の3日前に、現地の学者がゴマのラジオ局に出向いて「噴火が極めて近い」と市民に注意を呼びかけた。この放送を聞いた市民は逃げたため、大惨事は避けられた。1977年の大噴火では2千人の死者を出したが、2002年の犠牲者は45人のみ。この学者は前記の浜口名誉教授の弟子で、現地では「科学の勝利」として大きな話題になっていた。浜口教授は1972年以来ニィラゴンゴ山を何度も訪れており、2001年2月に同山を訪れた際に噴火が近いとみて、マグマをよく観察するなどの観測を怠らないように現地の学者に助言していた。

ただし、この現地の学者が相当のリスクを抱えたことを忘れてはならない。2002年当時は、反政府勢力がゴマを支配していた時である。彼は市民に安全な場所に移動するように啓蒙しただけなのに、「反政府勢力の許可なしに勝手に人々を移動させた。社会的混乱を生もうとした」と、反政府勢力に拘束された。その直後に火山が噴火したので、彼が言ったことはデマではなく正しかったことが証明された。

その学者は、火山噴火の数週間後、反政府勢力から4つも銃弾を受け、殺されそうになったが、奇跡的に生きのびた。なぜ狙われたかは不明である。キンシャサ出身のこの学者は、中央政府のスパイとして反政府勢力支配地域に派遣されていると勘違いされたからなのか。それともこの噴火予告で彼は注目されるようになり、世界中から学者やジャーナリストが彼のもとに来たため、金目当てで狙われたのか。その学者はこの事件にもめげず、今でもゴマの観測所で働き続けている。大変勇気のある人だ。戦闘地での自然災害への安全対策の難しさを痛感させられた。

それにしても浜口教授の指導がなければ、2002年の噴火でもっと犠牲者が出ていたかもしれない。私が頼りにしていたUNHCRの現地職員も亡くなっていたかもしれない。それを想像しただけでもぞっとした。何かが起きた後に他の外国人専門家が入ってきても遅いのだ。やはり現地の人が自立して、自分たちで解決できる能力をもたなくては。

また、北キブ州の各地でしょっちゅう問題になっていたコレラの対策についても触れたい。コレラといえば1994年にルワンダ難民が流入した際に、安全な水と衛生の確保に

UNHCRとインド軍が合同で避難民女性のために料理教室を開き，大変喜ばれた。こういった小さな教育が役に立つ。

問題があったため、ゴマでは4万人が亡くなる事態となった。1日で7、000人以上が命を落とした日もあった。規模は小さいものの現在でもコレラは問題となっている。

ある保健関係のNGOのベテラン・フランス人職員があきれるように言った。

「1994年のゴマのコレラ危機といえば、今ではどこの公衆衛生のテキストにも教訓として載っているし、研修の時に必ず一例として使われている。それが今、再び問題になっているなんて、一体どうなっているのかしら。」

もし1994年の危機の際に、現地の保健省なり地元の医者やコミュニティーが、コレラ対策に計画から実施まで深く関わっていたら、現在の危機は少しは避けられたかもしれない。目先のことだけにとらわれず、長期的な視点に立った、地道な努力の積み重ねが大事なのだ。

これらの教訓をもとに、コンゴ人が困難を乗り越えて自立した平和な社会を築くことができるように、もっと人材育成に力を入れた支援ができればと考えている。例えば、相手を敵視せずに尊厳をもって接することを柔道を通してコンゴの警察などに伝える。共に力を合わせるチームワークを駅伝を通して伝える、といった日本ならではの協力の形があるのではないか。あるいは第3章で述べたように、企業の社会的責任（ＣＳＲ）の一環として、あるいはソーシャル・ビジネスとして健康と環境に良い食事や調理法を教える教室を現地で開く日本企業があっても良いと思う。

第10章　紛争要因への対処

紛争の解決には、紛争要因の理解と分析、そしてそれへの有効的な対策が重要である。無駄のない解決策を探るために、時間がかかっても、これらを行うことが肝要だ。スーダン・ダルフール紛争を例に挙げると、紛争の遠因には水資源の枯渇の問題も含まれている。だから国連軍やアフリカ連合軍を送るだけでなく、本当は水の専門家を送るべきなのだが、軍事的解決策ばかりが重視される傾向がある。

もう1つの例は、2009年8月にクリントン国務長官がゴマを訪問した際、J・カビラ大統領に対して性的暴力の加害者の逮捕と処罰にとりかかるように要求した。そして被害者の支援のため、1、700万ドル（16億2千万円）の拠出を約束した。それも大事だが、なぜそもそも性的暴力が続いているのか、それに対してコンゴ政府はどのような政策を行っているのかについても話す必要があったはずである。

コンゴ東部紛争の要因には、国全体のガバナンス（統治）向上のような長期間にわたって取り組まなければならない問題も挙げられるが、ここでは東部の問題により焦点を当てたいので言及するにとどめる。コンゴ東部紛争やルワンダの和解については誤解が多いため、現在でも正確に対応されていない。その誤解を解くためにも、本章では国際社会がもっと取り組むべき和平プロセス（積極的平和）のあり方、軍統合と民族問題、コンゴ東部紛争の地域性、そして政治的解決策を取り扱う。

積極的平和のために

平和学者ガルトゥンによると、平和には2つの種類がある。直接的な暴力がない消極的平和（Negative Peace）と、社会的正義が存在し、抑圧がなく組織的、文化的暴力が克服された状態である積極的平和（Positive Peace）である。これらを私の経験をもとに言い換えれば、前者は暴力がないため平穏のように見えるが、単なる「見せかけの平和」であり、精神的にはまだ紛争状態が続いているといえる。反対に後者は精神的にも組織的にも恐怖はなく、人権や民主主義が守られ、言動が自由な状態にある。

紛争経験国が安定するには3〜10年かかるといわれるが、本来は積極的平和が達成して初めて紛争が解決したと断言できる。しかし残念なことに、ほとんどの紛争経験国では消極的平和しか達成されておらず、「紛争の罠」と題した世界銀行の報告によると、内戦を終えた国の44％が5年以内に再び紛争に逆戻りするという。

1950年代後半から1970年代初期までのルワンダの社会革命、1960年代初期のコンゴ動乱、そして大湖地域で初めて起きた虐殺（1972年、ブルンジにおいて）が、それぞれ30年後に違った形で爆発した。どれも当時長期的なビジョンや将来の見通しをもって対処されず、単に「傷口にバンドエイドを貼る」といった種類の処置がされていたからだ。現在とられている対策も同じようなものとなっているため、近い将来紛争が再燃してもおかしくない。そもそも、国際社会がアフリカの問題解決に対して政治的意思に欠けているという問題も無視できないのだが。

では積極的平和を達成するために、どのような点に注意すればいいのだろうか。ここでは市民の視点と平和創造という2点に絞ってみてみよう。

まず、紛争後の平和構築事業を「提供する」国際社会とそれを「受け入れる」紛争国の市民の間では、平和構築の考え方に大きなギャップがあるため、それを埋めなければならない。通常、前者は民主化や選挙、武装解除などといった形式的な大きなことを前提に置きがちだ。和平や停戦合意が調印されれば紛争が終結したと勘違いし、「選挙をすれば平和がくる」と楽観している。

一方、常に紛争の犠牲者になる一般市民が望んでいることは、衣食住や言動の自由が守られている「人間らしい生活」ができること、と大変ささやかだ。「選挙後、平和が来ると言っていたのに来たのはまた戦争。なぜ私たちは逃げ続けないといけないの？　早く家に帰りたい、帰って畑を耕したい！」とある避難民が泣きながら言った言葉が今でも忘れられない。（避）難民は疎開先やキャンプでなく、自分の家で安心して家族と共に寝ることさえできたら、選挙で選ばれた政治家が誰であろうといいと思っている。選挙も重要ではあるが、もっと市民の視点に立ち彼らのニーズに応える必要がある。

2点目に指摘したいのは平和構築以外に国際社会は、和平プロセスの最初の段階である平和創造にもっと留意すべきという点である。平和創造は、外交や調停などの平和的な手段で紛争当事者に進行中の紛争を停止させる行為であり、停戦や和平協定も含まれている。1998年の第2次コンゴ戦争以来、さまざまな和平合意が調印されてきた。1999年のルサカ合意、２００２年のプレトリア合意とコンゴ民主共和国移行に関する包括協定、２００４年の大湖地域における和平、安全、民主主義と発展に関するダルエスサラーム宣言、２００７年のナイロビ・コミュニケ、２００８年のゴマ和平合意など数多く合意されているが、ほとんどが水泡に帰した。

そもそも和平合意では、軍事統合・警察統合、暫定政府の構成、選挙の計画や大臣ポストなどの政治や軍事の問題を重視し、肝心の司法や人権問題、そして天然資源の搾取といった経済問題について触れることはほとんどない。たとえ真実和解委員会の設立が決議されても、その後無視され、意図的に忘れられたまま現在に至る。政府高官自身が紛争当事者であるため、自分の不都合になることは避けたかったのである。和平合意といいつつ、結局は、「政治家、政府軍や武装勢力のための権力（＝富と資源）分有の合意」なのだ。

また合意の内容が漠然としており、かつ非現実的であることも多い。例えば、プレトリア合意では、コンゴ東部にいるＦＤＬＲを「90日以内に非武装化させ、ルワンダに帰還させる」という内容が盛り込まれた。しかし、ＦＤＬＲは１９９４年からコンゴ東部に滞在し、地元の人と血縁関係を結んだり、天然資源のビジネスに着手するなど、ほぼ「コンゴ化」しているので、短期間で帰還させることは物理的に不可能に近い。このように、非現実的な合意であっても、合意の中身を練るのではなく、調印の方が優先される。しかも、紛争当事者自身がそもそも紛争を終えることに関心も意気込みもないため、合意調印の数時間後に停戦が破られることが多く、それに対して罰則もない。時には、合意の裏に「密約」もあるので、合意の意味がなくなる。一層悪いことに、合意の調印者のほとんどが戦争犯罪と人道に対する罪に手を染めているので、ますます合意は信頼できないものとなる。和平プロセスの土台である平和創造を強固にしなければ、積極的平和が導かれる可能性は低いままである。

軍統合と警察統合

紛争国の治安部門に欠かせないのが、いくつかある反政府勢力や民兵を軍隊や警察に統合させるプロセスである。しかし戦争犯罪人への処罰、民族対立、そして縁故採用の問題が解決されなかったために軍・警察統合が進まず、コンゴ東部紛争が長期化した。2006年の大統領選挙までに統合のプロセスを終える予定だったが、中途半端なまま選挙が実施された。なぜ軍統合は失敗したのだろうか。2004年に、RCDのンクンダは、再編成された新コンゴ軍の将軍として北キブ州のマシシ郡で指名された。軍統合の混交（brassage／ブラサージュ）を監督するように命じられたが、コンゴ軍への不信を理由に拒否した。それはなぜか。ブラサージュでは、反政府勢力や民兵が合同で訓練し、再編成した後に地元を離れて全国に派遣される。RCDにはツチ系住民が大勢いたが、彼らは東部以外の州において「非コンゴ人」として一般市民に受けとめられ、他の民族の兵士から差別され暴力を振るわれることがあった。それを懸念したRCD兵士の一部は、東部以外の州への派遣に賛意を表さなくなった。

軍統合がうまく進まず、力が衰え、安全問題を懸念していたRCDは、2004年5月に南キブ州のブカブで暴動を起こし、その際にツチ系住民がコンゴ軍に殺害された。ンクンダ将軍率いるRCDは、「ツチ系住民を守るため」と立ち上がったが、結局は市民への殺戮や性的暴力を犯した。そのため、コンゴ政府はンクンダ将軍を戦争犯罪人として手配したが、未だに逮捕していない。この暴動でますますコンゴ人の反ツチ感情が増してしまった。

2006年の大統領選挙後には、RCDの「後継組織」としてつくられたCNDPのために、別タイプの軍統合が試みられることになる。2007年1月にルワンダ政府の支援の下、新設CNDPの将軍となったンクンダとコンゴ政府代表との会談で、ミキサージュ（Mixage）といわれる軍統合が合意された。これはブラサージュと異なり、CNDPは他の地方に派遣されることなく、東部にいながら新コンゴ軍に統合されることを意味した。東部以外の他の州に派兵されたくないツチ系兵士に有利になるよう、コンゴ政府が譲歩したのである。

しかし数カ月後に、このミキサージュは失敗に終わった。ンクンダ将軍が、FDLRを支援していたコンゴ軍に対して根強い不信感をもっていたからだ。それ以外にも、コンゴ軍に統合したはずの自派の兵士が、活発化したFDLRの掃討作戦のために、ンクンダ将軍から呼び戻されたからである。

このように、それぞれの兵士は、もともと所属していた武装勢力の縄張りや民族や出身地のアイデンティティが強く、コンゴ人としての自覚があまりない。それだけでなく、他の民族に対して不信感をもっているため、軍や警察の統合を行う前に、民族間の宥和が努力されるべきであった（第3章で述べたように、J．カビラ大統領やムベンバ元副大統領に、それぞれ自分の民族出身者で構成される私設警備隊がいたのはこの理由からだ）。その一環として、少数民族が抱える課題に政府が積極的に取り組む必要がある。どの少数派民族も多かれ少なかれ差別を受けているが、中でも和平プロセスで一番問題視されているルワンダ系住民の国籍や土地問題（第5章を参照）を解決するのが先決である。

さらに警察統合も問題を控えている。第3章や前項で戦争犯罪人が軍などの高官ポストに就いている事態について指摘したが、それ以外に縁故採用の傾向も強い。例えば、コンゴ国家警察のヌンビ警視総監は、L．カビラ前大統領と同じカタンガ州の出身である。軍での経験がないにもかかわらず、親子カビラ大統領の下で軍の幹部を務めた。1998年にルワンダとの外交関係が切れる前は、ルワンダ軍のカバレベ参謀長とも親密であった。そのため、あとがきに記している掃討作戦や、ルワンダが絡んだコンゴ政府とCNDP間の調停もスムーズにできたのである。

そのヌンビ警視総監の下にいる副総監は、かつてモブツ大統領の官房長であったビセンギマナの息子である。2007年にこの地位に就く前は、北キブ州の警視総監を務めていた。ルワンダ系の第2世代が、徐々にコンゴ政権の中枢に関わるようになっている。こうした縁故人事が続いているのが現状であり、残念ながら彼らのつながりは非常に強い。

コンゴ東部紛争の地域性

1990年代の紛争は「第1次コンゴ戦争」「第2次コンゴ戦争」と呼ばれ、まるでコンゴで「内戦」が起きたような印象を与えている。確かに紛争の舞台はコンゴ国内であるが、実際はルワンダなどの周辺国が参加した「地域紛争」である。それも政府と反政府勢力のみが関与している普通の地域紛争と違って、多国籍企業、武器商人や傭兵部隊といった非国家主体、そして国際機関、NGO、研究機関と宗教団体なども巻き込んだ「広範囲にわたる地域紛争」である。それぞれの武装勢力に縄張りがあり、さまざまな関係者と地域に広がったネットワークで結ばれている。アメリカやヨーロッパ、中国なども間接的に紛争に関与しているので、一種の「国際戦争」と呼ぶこともできる。

2002年から2003年にかけて開催された「コンゴ国民対話」にしても、武装勢力の停戦、外国武装勢力の撤退、軍事統合、新政府のための選挙などについて合意されたが、まるで国内問題の解決なしには、紛争が解決できないようなイメージをもたらす結果となった。「『コンゴ』国民対話」は、紛争の地域性ではなく、コンゴ国内にだけ目を向けるための落とし穴であった。そのため紛争の「(周辺国からの)侵攻・侵略」の面より、「反乱」(モブツやカビラ大統領を倒すという革命運動)の性格が目立ってしまったのである。これは天然資源の搾取問題を隠すために、意図的に作られたからくりだった。

さらに、国境や国籍を越えて、他国の政府や軍あるいは反乱軍の幹部に就くことができるというコンゴ東部紛争の「人間の地域性」に関しても強調しなければならない。例えばカバレベ・ルワンダ軍現参謀長は、あとがきで記しているように、コンゴ戦争、掃討作戦や軍統合でかなり裏工作をしてきた人物であるが、1997年から1998年までL・カビラ政権下のコンゴ軍参謀長でもあった。彼はまったくのルワンダ人であるにもかかわらず、外国であるコンゴ政府軍の要職に就くことができるとは異常な事態である。このようなことは、他の紛争では、おそらくみられないことだろう。

このような越境性の紛争を解決しようとするならば、それは国境を越えたものでなければならない。いくつかあるクロスボーダー（越境）の問題で、武器の不法流入とルワンダ内の和解問題について触れてみよう。

周辺諸国からコンゴに流入している不法武器の処理問題は、国連報告書に載るほど公然たる事実となっている。武器の大量流入が要因となって市民への暴力はなかなか収まらず、武装勢力間の戦闘も長期化している。映画「ロード・オブ・ウォー」のように、武器商人の世界は政治が絡み、簡単には解決できない。せめて、国境沿いにMONUCの軍が駐留すれば、国境を越えた武器の動きを管理することができると思われる。人道支援機関やNGOが介入ができない分野であり、軍事部門をもつMONUCならではの業務である。この点についてMONUCの幹部に提案してみたが、「安保理が決めることだから」と、相手にしてくれなかった。

他のMONUCの人に、周辺諸国におけるMONUCの存在の強化について意見を聞くと、

「君に同意するが、ルワンダには1994年の虐殺の際に国連のPKOが何もしなかったという負い目がある。今でもルワンダは『国際社会は虐殺の時にルワンダを見捨てた』と非難している。だからそのルワンダに、MONUCを置くことは大変デリケートなんだ」という返事が返ってきた。

その言い分もわかるが、1994年以降、地域の政情は大きく変化した。歴史を振り返るのは大事でも、いつまでも過去の誤りに執着しても何も始まらない。前向きな姿勢が重要で、政情の変化に合わせて国際社会も変化しなければならない。

現在ルワンダは暴動が起こらず、一見平和に見える「紛争後の国」といわれるが、実際は紛争がコンゴ東部に飛び火しただけで、まだ内戦の構造が残っている。FDLRの武装解除とルワンダへの帰還がなかなか促進されないのは、そのためである。どのような背景があるのだろうか。

まず、FDLRは1994年の虐殺後に虐殺首謀者を中心にコンゴで設立された。その兵士の多くがコンゴの難民キャンプで（生まれ）育ち、現地のコミュニティーに溶け込んでしまっている。FDLRはコンゴ軍と協力し、資源の採掘に関わっているだけでなく、MONUCのインド軍とも資源の取引をしているという報道もある。ビジネスや家族がいれば、ルワンダに帰る必要がなくなるのは当たり前である。その上、イデオロギーに共感してFDLRに入ったコンゴ人も30%いるが、彼らの社会復帰については特に話されていない。

2つめに、FDLRはルワンダへの帰還を望んでいるが、「ルワンダ政府と和解がなければ怖くて帰還できない。まずはルワンダ国民対話を」と要求している。コンゴ国民対話は、国内と国際社会で盛り上がったが、実は同様な試みがルワンダ内でも必要なのだ。そのルワンダ国民対話を最優先するべきだという声を、コンゴ内のセミナーや会議、地元の新聞を通じて何度も聞いた。ただし、コンゴ人コミュニティーがそれをあまり強調すると、「(バンツー系の)コンゴ人は(同じバンツー系の)FDLRを応援しているのか」と勘違いされるため、力説できなかったが。

2002年6月、ルワンダ政府によって「ガチャチャ」という裁判制度が設けられ、未処理の虐殺について地域共同体で容疑者を裁くことが決まった。しかし、それは帰還者も含めてルワンダに在住している人たちの間で行われており、国外にいる強硬派のルワンダ人とは何のやりとりもない。しかも、ルワンダ政府は、「テロリスト」のFDLRとは対話はできないと拒絶してきた。FDLRがコンゴ東部にいる方が、ルワンダ政府にとっていつでもコンゴ東部に侵入できる口実になるため、都合がいいという理由があるからだ。ルワンダ政府を支援するアメリカやヨーロッパの国々も、ルワンダ国民対話に関しては積極的ではなく、FDLRの存在をなくすことが大湖地域の和平や安全問題の鍵と訴えてきた。

政治的解決を

緒方元国連難民高等弁務官は、「難民問題には政治的解決が必要だ」と、何度も強調していた。これは紛争問題にも共通すると考えるが、紛争は武力で「解決する」のが有効という声が強く、最終的にPKO軍を含む兵士の派兵といった軍事的解決が選ばれることが多い。しかし兵士が増えると、武力で抑える動きがますます増え、反対に一般市民への報復や治安が悪化する。まさしくその悪循環が、長期にわたってコンゴ東部で繰り返されているのである。

1999年末からコンゴにいるMONUCは、国連安保理から市民の保護とコンゴ軍を支援するという任務を受けているが、この2つは大変矛盾している。というのも、コンゴ軍は市民の保護者どころか人権侵害の加害者であるからだ。一般市民の中にはコンゴ軍を敵視する人も多い。そのコンゴ軍をMONUCが支援しているのだから、もちろんMONUCをよく思っていないコンゴ人も大勢いる。結局MONUCがコンゴ軍への訓練や後方支援をしても、市民の保護にはつながらないのである。

さらに複雑なことに、コンゴ軍はFDLRと協力関係にあるので、ルワンダ政府はMONUCのことを「われわれの敵であるFDLRをコンゴ軍経由で支援している」と、非難している。人道支援機関もMONUCを「中立ではない」とよく非難しており、「MONUCのそばにいたくない。われわれが現地人に嫌われてしまうし、狙われるかもしれない」と、苦情を言うNGO職員までいた。こういう政治的、軍事的にデリケートな場所では、どの組織も中立性を保つのは難しいどころか不可能に近い。しかし、MONUCはあまりにも偏りすぎた。

UNHCRなどの国連機関がMONUCによって迷惑を被ることも多々あった。国連機関は地方に行く際、MONUCの護衛が強制され、現場で市民や犠牲者と話している時は、必ずMONUCの護衛がわれわれに付いて回る。MONUCも同じ国連組織であるため、市民から見ると同じ「敵（コンゴ軍＝MONUC＝UNHCR）」のように映ることもあった。そのため、こちらまでが「MONUC、コンゴから出て行け」と市民から石を投げられそうになったこともある。

MONUCは具体的にコンゴ軍に対して何をしているのか。コンゴ軍が反政府勢力と戦闘を行う際には、MONUCの軍機や軍車でコンゴ軍の装備や機器を輸送する。要するに、MONUCは軍事的にコンゴ軍を支援することによって、間接的に紛争に加担していることになる。軍事的解決より政治的解決を促進するよう、われわれ人道支援機関や人権団体は何度も、MONUC、コンゴ政府、国連代表、報道関係や外交団に呼びかけ続け

MONUCのパトロール車があちこちでみられる。（写真提供：千葉康由）

た。しかしわれわれの声は聞いてもらえず、2007年12月にMONUC軍の将軍は、MONUCは軍事的にコンゴ軍を支援すると正式に発表した。その時、いつも冷静なある国連の同僚がゆでダコのように真っ赤な顔をしながら激怒した。

「今2007年なのよ！　1960年代ではない[1]！　それで軍事的解決だなんて狂っているわ。国連はここから出て行くべき。私も国連をやめて、オブザーバーとして監視しようかしら。」

　私もまったく同感だった。過去の経験から軍事的解決が良い結果をもたらさないとわかっているのに、それをあえて繰り返す。一

コラム3 温泉という紛争解決手法
COLUMN

ゴマでいろいろと紛争解決手法を考えていた時，現地にぴったりのアイディアを思いついた。コンゴ東部は火山地帯なので，平和温泉（Peace Bath）という名の温泉をつくることだ。武装勢力に温泉に裸でつかってもらい（もちろん武器なしで），気持ちよくなったところで和平交渉を始める。入浴後にも，マッサージで体をほぐしたところで，再び交渉に入る。精神的にもリラックスし，自分の（悪）行為をふりかえり反省する機会につながるかもしれない。軍服を着て武器を手にしながら緊張感が続く中で交渉するより有効だと思うのだが，いかがだろうか？

般市民はどんどん殺され、避難を余儀なくされ、人道支援機関の仕事はどんどん増える。ＭＯＮＵＣと同じ国連組織に属す私は、自分が一体何のために現地にいるのかがわからなくなり、頭が狂いそうになった。

あとがきに記したように、２００９年10月現在、東部ではコンゴ軍によるＦＤＬＲへの掃討作戦が続いており、一般市民が相変わらず犠牲になっている。国際ＮＧＯ・オックスファムのアンケートによると、対話という政治的解決を望んでいる市民は80％にのぼるという。それほど軍事的解決は市民へのリスクが高すぎるのである。それにしても、国連安保理常任国をはじめとして大国やコンゴ政府はなぜ軍事解決を信じ、支援しているのだろうか。もちろん、これも「舞台劇」のシナリオにあるため誰も逆らえないのだろう。悲しいことに人権団体やNGOが政治的解決を訴えても、大国は聞く耳をもたない。それどころか、MONUCは「市民への保護には気を配っている」と言いながら、掃討作戦を続けているのである。私は遠い東京で、MONUCが支援している掃討作戦のニュースを聞きながら、頭痛に悩まされる日々を過ごしている。

これに懲りず、人道支援機関はコンゴ政府や国際社会に対して政治的解決に関する啓蒙活動をするとともに、コンゴ市民に対しても暴力でなく対話や和解で物事を解決するよう、ボトムアップ（下から）の意識改革に努力してきた。しかし北キブ州では、MONUCの軍隊は地方の奥にまで展開していたのに、人道支援、人権関係や文民警察といった文民はほとんどいなかった。そのために、啓蒙も限られた効果しかもたなかった。地方での治安の問題もあったが、最大のネックは新事務所の設置、交通手段や人材の確保のための資金不足である。

ドナー国や紛争国は、軍事的解決のための資金は用意できるが、政治的解決用の資金は不足している。前者に比べると後者は額もリスクも低く（low cost, low risk）、長期的でかつ持続性という利点があるにもかかわらずだ。例えばコンゴでは小学校は義務教育で無料のはずなのに、政府が1カ月1ドルの学費を市民に払わせている。しかし、その学費でさえ、払えない市民が大半なのだ。政府の優先順位が軍事行動にあるため、地方市民のエンパワーメントがなかなかできず、まったく非論理的である。資金不足というより、結局は関心とマネージメントの問題なのだ。

註

（1）1960年6月30日のコンゴの独立直後に、独立宣言をした南部カタンガ州をめぐってコンゴ動乱が起こり、国連安保理は武力介入を決定し、国連軍が攻撃した。カタンガ州から大勢の国内避難民が発生。カタンガ州は国連軍に制圧されるが、最終的にモブツが1965年11月に再度のクーデターを起こして、アメリカの暗黙の了解のもとに独裁政権を樹立した。カタンガ州は資源が豊富であり、日本をはじめとして多くの多国籍企業が駐在していたため、西欧諸国の注目度は高かった。

あとがき—2008年後半からの政情を振り返って

私がゴマを2008年7月に去った後に大湖地域の政情が急激に変わった。CNDPの反乱、コンゴ東部における大量の避難民の発生、コンゴ・ルワンダ両政府のイメージに損害を与えた国連報告書の公表、対FDLRと対ウガンダ武装勢力（LRA）への合同掃討作戦、CNDPのンクンダ将軍の「逮捕」、コンゴ政府軍と国家警察の統合プロセス、コンゴとルワンダの国交の正常化など。

メディアに戦略の一環として対応していたンクンダ将軍の「逮捕」以来、コンゴ東部に関する報道がめっきり少なくなった。まるでコンゴ東部の問題が解決されたような印象を与えるが、掃討作戦に伴って逆に人道危機は一気に悪化した。2009年8月時点で、避難民数は全国で213万人（うち北キブ州で113万人）と2年前の2倍に膨れ上がった。コンゴで活動する84団体によると、掃討作戦が始まった2009年1月から10月まで最低1、000人の市民の死者、そして90万人の避難民がコンゴ東部で発生した。対LRA掃討作戦中の2008年12月末から2009年1月上旬には、コンゴ市民900人が殺害された「クリスマス虐殺」が起き、市民16万人が難民としてスーダン南部とウガンダに逃亡した。最低1、000人の犠牲者を出したものが紛争の定義とされているので、この掃討作戦を紛争と呼ぶことは可能であろう。

またヒューマン・ライツ・ウオッチ（HRW）によると、コンゴ東部におけるレイプの件数は前年に比べて2倍から3倍になっている。半数以上が2人以上の集団レイプであり、最も幼い被害者はたった2歳であった。2008年終わり以降男性の被害者まで出てきた。屈辱をさらに与えるために、成人女性だけでは物足りなくなったからだろうか。

掃討作戦はコンゴ軍が指揮しているが、MONUCはコンゴ軍を支援する任務をもっているため、MONUCもその掃討作戦に関与していることになる。それによって平和維持どころか、反対に紛争の長期化の手助けをしてしまった。日本はアメリカに次いで、PKOへの第2の拠出国であり、ODAやPKOを通じて、アフリカに対して年間4、000—5、000億円規模の援助を行っている。これを国民1人当たりに換算すると、年間約

4、000円となる。つまり、われわれ日本人もその掃討作戦、つまりコンゴ東部紛争に加担していることになる。

これらの動きに伴って、コンゴ東部におけるルワンダならびにツチ系勢力の政治経済的、軍事的な影響力が増大している。コンゴ人の中には、両国の関係を「ネズミ（面積的に小国のルワンダ）が象（面積的に大国のコンゴ）を食べようとしている」と表現する人もいる。コンゴ政府はルワンダ政府の言いなりになり、何も反論できない状態にある。一体この地域では何が起き、これからコンゴとルワンダはどう変わっていくのだろうか。本あとがきでは、コンゴ東部周辺における2008年後半から1年の政情の変化を伝えたい。

紛争再燃とCNDP内の変化

2008年8月下旬にCNDPのンクンダ将軍はフランス政府との面談で、停戦を発表すると述べたにもかかわらず、その2日後にはコンゴ軍と衝突を開始した。紛争と和平を同時に操ったのである。それから2カ月後の10月下旬になると、CNDPはゴマ近郊まで前線を進行させた。MONUCによると、CNDPを支援するためにルワンダ側からも重火器による攻撃がなされたという。MONUCのおかげで、ゴマはCNDPに陥落されず、CNDPはゴマを取り囲んだ形で「一方的停戦」を宣言した。ゴマ郊外の避難民キャンプのいくつかはCNDPによって攻撃され、住民は四方に逃げ、新たに約25万人の避難民が発生した。私の元同僚も、戦闘の中、足を打たれながら命がけで脱出した。

なぜこの時期にCNDPは攻勢に出たのだろうか。2つの理由があるとされる。1つ目は、2007年9月にコンゴ政府と中国政府との間に結ばれた総額90億ドルの契約[1]だ。これはアフリカにおける投資としては最大級のもので、中国がコンゴ国内のインフラ整備を請け負うのと引き替えに、天然資源を入手することになっていた。これに対し、コンゴの天然資源を勝手に採掘して不法に売り払い、利益を得ていたCNDPが危機感を覚えたことが理由とされる。コンゴの2007年度の国家予算が13億ドルで、MONUCの年間活動予算が12億ドルであることを考えると、中国の契約の規模の大きさがわかる。

2つ目の理由としては、最大の宿敵であるFDLRへの反撃を闘争目的として挙げていたCNDPにとって、FDLRの武装解除とルワンダへの帰還が進まないことに対する不満は大きく、ンクンダ将軍の苛立ちも募っていたことが挙げられる。機能しないコンゴ政府に不満が増し、CNDPの闘争目的が「ツチ系住民の保護」から「全コンゴ解放」に膨れ上がった。その結果、ナイジェリアのオバサンジョ元大統領が国連特使として、コンゴ政府とCNDPの仲介を試みたが、対話は進まなかった。

しかしこれらの理由以外に、CNDPの攻勢は初めから「舞台劇」のシナリオにあったので、ンクンダ将軍はそれに従っただけだという説もある。実際に「レメラ合意」を実現するため、以前にも反政府勢力のAFDLやRCDもキンシャサを制圧する試みがあったのだから、今回のCNDPの攻勢は決して目新しいことではない。

2009年に入ってから、CNDP内でも新たな動きがあった。コンゴ・ルワンダ軍の合同作戦が始まる1月20日前にCNDPが分裂したのである。1月5日にCNDPンタガンダ参謀長がクーデターを起こし、同16日、CNDPの停戦、CNDPのコンゴ軍への統合、そして対FDLR掃討作戦への協力を発表した。その記者会見には、ヌンビ・コンゴ国家警視総監（J・カビラ大統領に次いで国内で最高の軍事的な権力をもつ）、コンゴ内務大臣とルワンダ政府軍のカバレベ参謀長なども同席していた。これによって、ンクンダ将軍は事実上失脚したとみられた。その翌日、ゴマにあるDDRRR（武装解除・復員・帰国・再定住・社会復帰のプログラム）キャンプ[2]に、「ルワンダに帰りたい」と嘆願するCNDPの若い脱走兵が大勢集まり、3月までに286人が帰還した。これはCNDPの兵士がコンゴ内だけでなく、ルワンダでも勧誘されていた証拠でもある。

一方掃討作戦が開始された2日後の1月22日、CNDPのンクンダ将軍がルワンダで「逮捕」された。彼はコンゴ東部生まれのツチ系住民だが、1990年代のコンゴ戦争ではルワンダ主導の反政府勢力（AFDLとRCD）の一員であった。ルワンダ虐殺の際にRPA兵士として当時のカガメ将軍（現ルワンダ大統領）と共に戦ったため、ンクンダ将軍はルワンダとコンゴ間を都合良く行き来する「カガメ大統領の操り人形」とみられていた。

ンクンダ将軍は「コンゴ人」なので、彼の「逮捕」の数カ月後に彼の身柄がコンゴに引き渡されるという話が両政府間であったが、その話はいつの間にか消えてしまった。彼が両国間の機密情報を知り尽くしていることから、彼の身柄引き渡しはルワンダとしてもリスクが高い。「コンゴには死刑制度があるため、ンクンダが死刑を適用される可能性もあり引き渡しは困難」という理由をルワンダ政府は挙げている。「中立国」の南アに移されるという話もあったが、その可能性はゼロになった。それもそのはずである。そもそもンクンダ将軍の「逮捕」は合法的ではなく、したがってルワンダ政府は彼をコンゴ政府に引き渡す予定はない。彼はルワンダ政府によって、「軟禁」あるいは「保護」されているのである。

ＣＮＤＰのンタガンダ参謀長に関しては、ンクンダ将軍を倒しＣＮＤＰを「弱体化する」ために使われた「傀儡」といわれている。彼は以前から戦争犯罪や人道に対する罪を犯したとしてＩＣＣに起訴されており、人権団体も彼の逮捕を要求していた。コンゴ政府はそれまで戦争犯４人をＩＣＣに引き渡しており、ンタガンダ参謀長の番がいつ来てもおかしくなかった。しかしンタガンダ参謀長と政府の間で、彼を逮捕しないという密約が結ばれたといわれている。コンゴ政府は彼の弱い立場をうまく利用して、彼の保護とコンゴ軍将軍の就任と引き換えに、ＣＮＤＰ内で反乱を起こし分裂させるように話をもちかけたと伝えられる。

コンゴ政府だけでなく、ＭＯＮＵＣもンタガンダ参謀長を支援しているといわれている。実はコンゴ政府は、２００7年5月に彼を逮捕するようＭＯＮＵＣにもちかけたとされるが、それ以降何もしていない。２００9年1月30日に、コンゴ軍とルワンダ軍の合同記者会見において、ＭＯＮＵＣはンタガンダ参謀長が関与する掃討作戦には参加しないと明確に述べた。そのンタガンダ参謀長が、コンゴ軍に統合された後、掃討作戦の指揮を執っていたといううわさがあったが、ＭＯＮＵＣはそれを否定している。

ンタガンダがコンゴ政府から守られている証拠として、２００9年5月初めに新しい恩赦

（アムネスティ）法ができたことが挙げられる。同新法は、「2003年6月から2009年5月まで、キブ州において戦争関係の暴力に関与していた戦闘員に対して恩赦を与える」というものである。虐殺や戦争犯などは除かれてはいるが、コンゴ人の犯罪人全員に対して、恩赦を与える可能性もある。ンタガンダ参謀長とンクンダ前将軍の身柄は、今後のコンゴ東部情勢を占う1つの鍵であるが、ンタガンダ参謀長はこの新法によって保護されるだろう。

ルワンダの信用低下

ルワンダは以前からアフリカのモデル国として、政治的および軍事的権力を少しずつもちつつある。現在、2020年までに貧困をなくすための「ヴィジョン2020」というプログラムを実施しており、人口、環境や開発などに関するさまざまな政策に取り組んでいる。情報通信技術（ICT）に力を入れ「アフリカのシンガポール」を目指している。また、ゴリラ見学や国立公園などでの観光業も促進している。カガメ大統領は2009年4月のタイム誌に、アフリカの政治家の中で唯一、世界的リーダーの1人として選ばれた。そのカガメ大統領のアドバイザーを務めているのが、イギリスのブレア前首相である。183カ国のビジネス環境を調査している世界銀行の「Doing Business 2010」によると、改善度が最も高かった国はルワンダで、2009年の143位から67位に上昇している。[3] アフリカ経済の鍵を握るアフリカ開発銀行の現総裁も、ルワンダ人のカベレカである。

「自国で起きた虐殺を繰り返してはならない」と、スーダン・ダルフール地方に展開中のアフリカ連合（AU）軍に対しルワンダ軍は3、200人を派遣している。世界で6番目の規模の兵士をPKO軍に派遣していることになる。AU軍司令官のポストは、2009年9月には、ナイジェリア人からルワンダ人へバトンタッチされた。アメリカのアフリコム担当（後述）のワード司令官が2009年4月にルワンダを訪問した際、「プロフェッショナルなルワンダ軍から、われわれアメリカ人は多くを学んでいる」というコメントをした。もちろんルワンダの発展は、ルワンダ人の勤勉さやカガメ大統領のリーダーシップも否定できないが、ルワンダ軍によるコンゴ東部での資源の搾取のおかげでもある。

ルワンダはこのように紛争後の国としてあるいはアフリカの中で「優等生」的なイメージを保ってきたのだが、そのルワンダの信用が2008年後半から2009年前半にわたって低下することが三度起きている。まず2008年11月9日に、カガメ大統領の側近ローズ・カブイェ儀典長がドイツで拘束され、フランスに移送された。虐殺のきっかけとなった、ハビャリマナ元大統領搭乗の飛行機撃墜に、彼女が関与していたことが理由だった。カガメ大統領をはじめ政府高官は、これを強く否定し、キガリや地方都市で大規模なデモが繰り広げられた。

2つ目は、12月中旬に国連から出された報告書である。「ルワンダ政府はCNDPを、コンゴ政府はFDLRを支援している」という内容が公表された。これは現地にいる人なら誰もが知っている事実だが、公共の場で口にすることはデリケートな問題であった。「ルワンダがコンゴ東部で戦っている証拠はないが、CNDPを支援するためルワンダの領土が使われていると信じている」と、ルワンダを支援するアメリカのフレイザー国務次官補アフリカ担当（当時）ですら発言しているのである。ルワンダとコンゴの両政府はこの報告書を直ちに否定し、カガメ大統領も「CNDPのンクンダを知らないし、会ったこともない。CNDPはコンゴ国内の問題だ」と述べている。報告書が公表された数日後に、オランダとスウェーデン政府はルワンダへの援助の一部を中止した。

そして3つ目に、イギリスBBCが運営するルワンダ現地語のラジオ放送局が、ルワンダ政府によって閉鎖された。ルワンダ虐殺から15年目にあたる2009年4月に、フツ過激派だけでなくRPFも1994年の虐殺に関与したこと、さらにICTRではツチは裁かれていないことを同ラジオ局が指摘したためである。(4) 国外に亡命中のフツ穏健派、トゥワギラムング元首相の「RPFは戦争犯罪を認めるように」という発言も放送された。ルワンダ情報省によると、「和解が促進されている中、このような報道が民族対立や虐殺を煽る」ため、ラジオ放送局の閉鎖を決意したという。第8章に記述したように、これらの事実は国際機関が指摘済みだ。ルワンダはICCに加盟しておらず、現政権は政府への批判を許さない。このBBC事件が効いたのか、あるいは2010年の大統領選挙前にルワンダ政府が情報を統制したため、国境なき記者団による2009年度の報道の自由ランキングにおいて、ルワンダは175カ国のうち157位にランクされた。2008年度の145位よりランクが大きく落ちたことになる。

2つの合同掃討作戦

コンゴ東部と北東部の2つの地域において、2つの外国（隣国）武装勢力のFDLRとLRAを相手に大規模な掃討作戦が同時期に行われていた。異常事態だ。

FDLR対策については、いくつも不可解な点がある。大湖地域において常に軍事力の行使が行われるのは、FDLRに対してのみである。他の武装勢力に対しては何らかの対話が試みられている。ＬＲＡに関しては掃討作戦の展開の前に、仲介役がついてウガンダ政府との対話が行われたがなかなか進まなかった。同様に、ブルンジの反政府勢力の「解放のための国民軍（ＦＮＬ）」やＣＮＤＰとも形式上の対話が行われた。過去のコンゴにおける掃討作戦を振り返ってみると、１９６０年代のコンゴ動乱にしろ、この数年行われた対ＦＤＬＲへの掃討作戦にしろ失敗に終わっている。

２００８年12月5日に、コンゴとルワンダの両政府の間で、合同で兵力4―5、０００人のＦＤＬＲを掃討するという合意が結ばれた。これはコンゴ軍による掃討作戦が合意されたナイロビ合意（２００７年11月）に、新たにルワンダ軍が加わるという形であった。ただし、掃討作戦がいつ、どのような形で実行されるかは明らかにされていなかった。その合意後、ルワンダ軍のカバレベ参謀長がキンシャサに飛び、Ｊ・カビラ大統領と掃討作戦について計画を立てたといわれている。このカバレベ参謀長が最後にコンゴの地を踏んだのは１９９８年7月29日。当時コンゴ軍の参謀長であった彼やその他のルワンダ政府役人などが、Ｌ・カビラ前大統領に追放された時である。そしてその3日後にＲＣＤの創立が発表され、第2次戦争が開始された。そのため今回のカバレベ参謀長のキンシャサ訪問も、コンゴ市民の間では、「また何か起きるのでは」とささやかれていた。

案の定２００９年1月20日に、コンゴ軍の「招待」でルワンダ軍がコンゴ領に入り、北キブ州で作戦が展開された。コンゴ・ルワンダ軍による合同掃討作戦［Operation Umoja Wetu「我々の団結力」という意味］というものの、指揮を執ったのは５、０００人強のルワンダ軍であった。ＭＯＮＵＣはこの作戦について事前に把握しておらず、参加しなかった。合同掃討作戦の結果ＦＤＬＲの主な基地は破壊され、２月下旬の時点でＦＤＬＲ兵士90人以上が殺害され、３月上旬の時点でＦＤＬＲが人質にしていたルワンダ難民と兵士（とその家族）５、６５９人が帰還した。

これについてルワンダ政府は、「国連は8年かかってもＦＤＬＲの武装解除をできなかったが、われわれは5週間でほぼ達成した。国連は本当に役立っているのか」と自らの作戦に胸を張った。しかし本当に成果があったとはいえない。確かに居住地からのＦＤＬＲの「追放」は成功したかもしれないが、奥地に避難したＦＤＬＲは元の居住地に戻ったという。この掃討作戦の波に乗ってルワンダに帰還したものの、ルワンダ内の治安の理由でコンゴに「帰って」きた元ルワンダ難民数十人がいる。しかしカガメ大統領は「最も大事なことは、敵国であった2カ国が軍事協力ができることを証明できたことだ」と合同掃討作戦を正当化した。またＭＯＮＵＣや西欧諸国も、合同掃討作戦による人道危機について触れることはほとんどなく、両国の和解の印ともとれるこの作戦に好意的な反応を示した。

2月25日にコンゴ市民の見送りを受けてルワンダ軍は撤退し、数カ月後に北・南キブ州において、コンゴ軍がMONUCと協力して掃討作戦を再開した。しかしMONUCもコンゴ軍も断固とした意思や能力に欠けているため、掃討作戦にはルワンダ軍が頼りだという声もある。紛争予防または解決を目標とする国際危機グループ［International Crisis Group］は、ルワンダ軍を中心に軍事作戦を立て直すべきと主張した。カガメ大統領は「ルワンダ軍は撤退したものの、要請があればいつでも派兵する準備はある」と述べた。

J・カビラ大統領が今回の掃討作戦を受け入れたのは、ルワンダ政府と信頼関係を結ぶようにというアメリカ政府の圧力があったからである。コンゴでは、合同掃討作戦は厳しく非難され、コンゴの国会議会や地元メディアはルワンダへの介入を否定的に評価した。コンゴ東部に過去二度侵略したルワンダ軍に対して、コンゴ人は以前から敵対心を抱いている。今回の作戦でツチによる支配を決定的にし、事実上の治外法権を許すことになりかねないため、その感情がますます増すだろうと予想されている。

これを懸念したカリスマ的リーダーのコンゴのカメレ国会議長が、合同掃討作戦の妥当性とその手続きの軽視を問題視した。ルワンダ系の元AFDLやRCDメンバーが多いコンゴ政府の高官の中では、彼は武装勢力に属さない数少ないコンゴ人政治家だった。この作戦が国民議会で事前に議論されるべきであったと彼が造反したところ、大統領に迫られ3月下旬に辞任した。御上、しかも大統領に対して反抗するのは、従順なコンゴ人にとっては考えられないことだ。しかもカメレ国会議長と大統領は同朋なので、余計にこの事件は衝撃的であった。

対FDLRの掃討作戦と同じ頃、ウガンダ、スーダンとの国境地帯のコンゴ北東部では別の戦闘が繰り広げられていた。コンゴ、ウガンダ、南スーダンの3カ国による対LRA(「神の抵抗軍」の意味)の合同掃討作戦(Operation Lightening Thunder)だ。LRAは2005年末コンゴに入り、スーダン国境沿いの人里はなれたガランバ国立公園に基地を設けた。2008年12月14日に始まったこの戦闘は、アメリカ軍やイスラエル軍の協力にもかかわらず、LRAのコニー指導者を捕まえられなかった。作戦の指揮を執っていたウガンダ軍が撤退を求める世論に押されて2009年3月中旬にコンゴ北東部から撤退した。この掃討作戦は具体的な成果がなかったにもかかわらず、MONUCのドス特別代表はウガンダ軍撤退式典において軍事作戦の成果を賞賛した。

その後もコンゴに残留しているウガンダ諜報機関が、掃討作戦のためにコンゴ軍を援助し続け、ＭＯＮＵＣもコンゴ軍に兵站支援をしている。ＬＲＡは中央アフリカ共和国にも展開しているために、２００９年6月に上記の3カ国に中央アフリカが加わって参謀本部レベルの情報共有が図られている。

掃討作戦とコンゴ軍・国家警察統合の目的

対ＬＲＡの掃討作戦の目的は、ＬＲＡを攻撃する以外にも、ウガンダ軍によるアルバート湖にある石油へのアクセスもあった。それに比べると、対ＦＤＬＲの掃討作戦に関しては、腑に落ちないことがいくつかある。同じバンツー系であり以前コンゴ東部の天然資源を一緒に採掘していた仲間のＦＤＬＲを、なぜコンゴ軍はよりによって「敵国」ルワンダと叩いたのか。また、カガメ大統領の庇護の下にあったと思われていたンクンダ将軍がなぜルワンダで逮捕されたのか。その理由についてもいくつかの憶測が飛び交っている。一説には、ルワンダ軍がコンゴ領土に入ってルワンダの敵であるＦＤＬＲを掃討させる代わりに、コンゴの敵であるＣＮＤＰ指導者を捕まえるという密約がコンゴとルワンダ両政府の間で交わされたという。

しかしＦＤＬＲは２００２年以降、ルワンダに対して攻撃しておらず、軍事的な脅迫はもはやない。確かにＦＤＬＲは一般市民に対して略奪や「税」の徴収などを行っているが、ルワンダ軍がわざわざ作戦に参戦する必要はなかった。ではなぜ作戦を仕掛ける必要があったのだろうか。対ＦＤＬＲの掃討作戦と見せかけて、キンシャサ制覇の野心を抱いていたンクンダ将軍に対してカガメ大統領がストップをかけるためだと一般的にいわれている。後者はコンゴ政府の転覆を特に望んでいなかったからだ。

しかし、掃討作戦の真の目的は主に３つあるといわれている。第一に、敵国であったコンゴ・ルワンダの両政府が「軍事協力」できることを証明するためであった。つまり政治的演出が「政治的協力」に導き、最終的に「経済協力」の可能性を示すことが意図されており、今回の軍事協力はそのための第一歩であった、というものである。第二に、両国のイメージ挽回のために、前記の国連報告書の内容が真実でないことを証明しなければならなかった。

そして第三に、コンゴ東部に混乱状態をもたらすことによって、現地にいるＭＯＮＵＣの存在を正当化し長期化させるためだ。軍統合が進み「暴れん坊」のンクンダ将軍もいなくなった今、ＭＯＮＵＣ軍の存在必要性が減ると予想された。ＭＯＮＵＣ軍人の中には、

ＦＤＬＲとの資源と武器の取引で利益を得て、東部での滞在を長期化したい人もいる。東部を不安定化するためにＦＤＬＲの存在を活用するしかなく、掃討作戦をすることによりＦＤＬＲをわざと扇動する。そうすると、市民の保護のためにＭＯＮＵＣの存在が必要と正当化できるからだ。

２００９年の３月23日に、コンゴ政府と反政府勢力のＣＮＤＰ、マイマイやパレコの武装勢力間で和平協定が調印された。武装勢力がコンゴ軍とコンゴ国家警察に統合し、対ＦＤＬＲの軍事作戦に協力し、ＣＮＤＰが政党に転換するという内容だ。国連特使のオバサンジョなどが「これで和平がきた」と楽観的に褒めたたえたが、現実はそれと程遠いものであった。

今回の軍統合は和平プロセスの一環であったが、ルワンダからの圧力が相当あった。首都キンシャサまで制覇しようとしたＣＮＤＰを弱体化させる「ふり」をして、形式上ＣＮＤＰをコンゴ軍の下に置き、他の民兵のマイマイやパレコも強制的に軍統合させた。これらの行為の裏でコンゴ政府が反政府勢力に家と車を提供する、またＣＮＤＰが支配していたコンゴ―ウガンダ間の国境ポスト２カ所（そのうちの１カ所は武器が不法に流入する出入口として軍事戦略上の重要拠点だった）を、コンゴ政府が５００万ドルを支払ってＣＮＤＰ

から「買い取り」撤退させていたとの情報がある。さらにコンゴ政府は反政府勢力側に資源を分け与えるという合意を結んだという。こういった金と平和のやり取りなので、和平は大変「チープなもの」であった。

各武装勢力は表面上軍統合や武装解除に応じる姿勢を見せてきたが、案の定、合意が調印されて数日後に統合プロセスは危機に瀕した。CNDPへの肩入れなどを理由に、マイマイやパレコが脱退の宣言状を出した。CNDPは、ルワンダにいるコンゴ「難民」（ツチ系がほとんど）の「帰還」支援や統合後のポスト・階級などに善処がみられなければ、和平合意から離脱すると示唆した。給料の支払い（コンゴ軍と新しく統合された兵士間の給料額の差、5カ月間も遅延された支払い）や軍隊内の階級などの理由で、すでにコンゴ軍から離脱した元武装勢力兵士も大勢いる。

コンゴ軍も各武装勢力も特に訓練を受けていない元戦争犯罪者が集まっており、政治的な理由でコンゴ軍に統合されただけなので、軍統合が機能しないのは自然の成り行きである。なぜそこまでして、和平協定の結果できた「即席軍隊」をつくる必要があったのだろうか。それは和平協定や軍統合といった表面的な試みにもかかわらず、コンゴ軍の遂行能力が改善されないことを示し、最終的にルワンダ軍のみがコンゴ東部を統治できる、そしてコンゴ東部においてルワンダ軍の存在を合法化するという結論にもっていきたいのだろう。もともとマネージメントが悪いと悪評のコンゴ軍は2004年以降、東部への給料や食料の仕送りを意図的に妨害しているという。仕送りがなければ、コンゴ軍人は自然と略奪や徴収に走り、混乱が続くことはルワンダ政権にとって都合のいいことなのである。

コンゴ警察の統合に関しては第10章で述べたように、警察の幹部はルワンダ支持者で固まっている。当然ながらツチ系住民により有利になるように、かつCNDP（＝ルワンダ）の支配を公式化するために警察統合の合意がつくられた。その合意には新たに地域警察署（police de proximite）の設置が組み込まれることが決まったが、これは特別部隊ではなく地域の状況をよく理解した地元警察の配置のことを指す。目的はCNDPを地元の警察にとどめるためであるが、第10章に記したミキサージュ（軍統合）とまったく同じやり方である。

アメリカの介入と天然資源へのアクセス

合同掃討作戦の裏には、コンゴ東部にある天然資源を狙うアメリカの支援があった。作戦が開始されたのはオバマ大統領の就任式と同じ日で、その2日後にンクンダ将軍が「逮

コンゴ東部周辺で起きた主な出来事（2008年後半〜2009年後半）

- 10月下旬　：CNDPが紛争再燃
- 11／9　：カガメ大統領の儀典長カブイェ氏がドイツで拘束され，フランスへ移送
- 12／5　：コンゴ・ルワンダ軍がFDLRの合同掃討作戦に同意
- 12／12　：国連が「ルワンダ政府がCNDPを，コンゴ政府がFDLRを支援している」という内容の報告書を公表
- 12／14　：ウガンダ・南スーダン・コンゴ軍の対LRAの合同掃討作戦開始
- 12／16−17：オランダとスウェーデンがルワンダへの援助の一部を中止
- 1／5　：CNDPが分裂し，1／16にCNDPのンタガンダ参謀長が停戦宣言
- 1／20　：ルワンダ・コンゴ軍の対FDLR合同掃討作戦開始
- 1／22　：CNDPのンクンダ将軍がルワンダで「逮捕」
- 1月下旬　：CNDPとその他のコンゴ民兵がコンゴ軍に軍事統合を開始
- 2／25　：ルワンダ軍がコンゴ東部から撤退
- 3／14　：ウガンダ軍がコンゴ北東部から撤退
- 3／23　：CNDPと他のコンゴ民兵の軍・国家警察統合に関する和平合意の調印
- 3月下旬　：MONUCの支援を受けて，コンゴ軍がFDLRに掃討作戦を再開
- 5／8　：ウガンダ諜報機関とMONUCの支援を受けて，コンゴ軍がLRAに掃討作戦を開始
- 8／6　：カビラ大統領とカガメ大統領がゴマで会談
- 8／12　：クリントン国務長官がゴマを訪問

捕」された。アメリカ大統領の政権交代の時期というのは世界最強のパワーの「真空空間」にあたり、ＣＩＡなどが「大事件」を実行するのに絶好の機会だったからである。１９６１年（1月17日）と２００１年（1月16日）に起きたルムンバ初代首相とカビラ前大統領の暗殺も同じ時期であった。

クリントン国務長官が２００９年8月にコンゴを含むアフリカ7カ国を訪問した。その訪問の目玉がゴマでの性的暴力の生存者との面会であったと報道されていたが、真の目的はアメリカによるアフリカへの軍事協力 Africa Command（Africom ―アフリコム）であっただろう。国連ＰＫＯ軍がソマリアとルワンダへの介入で失敗した後、アメリカはアフリカへの協力は続けたものの、「アフリカの問題はアフリカで解決せよ」という概念がアフリコムの設立につながった。２００８年につくられたアフリコムの目的はＰＫＯのような軍事介入ではなく、ＰＫＯ軍の補佐役としての役割をもち２０１０年までに実地される予定だ。長官の訪問前にすでにアメリカとコンゴ間の軍事協力が合意されたのだが、訪問後はアメリカの基地をコンゴ内に2カ所つくり、またＬＲＡの基地があるキサンガニ近郊の軍事基地を修復するという具体的な計画が練られた。アフリコムの本部は現在一時的にドイツにあるが、いずれはコンゴかルワンダに移されるだろう。

前記のように、コンゴ軍への軍事訓練はすでにMONUCが2000年以降行っている。ではなぜそれに加えて、アメリカ軍も訓練をする必要があるのだろうか。それは軍組織が弱いMONUCよりアメリカ軍の方が優れていることを見せつけ、MONUCの撤退を正当化させるためである。それ以降アメリカ軍はプロフェッショナルなルワンダ軍に将来取り替えられるようになり、ルワンダ軍がコンゴ東部に「合法的に」駐在できることになるだろう。前述した「即席軍隊」と同じ目的である。

またコンゴの地方分権の動きもみられる。暴力が続く東部を中央政府が統治できないため、広大なコンゴを分解して自治国家として独立させたり、周辺国に併合させるといった解決策の声がコンゴ内外で出ている。特に東部と首都キンシャサ間は遠距離であり、東部の人々は自分のアイデンティティを周辺国との関係を通してもつ傾向があるため、この方が合理的だという。そうするとますますルワンダによる天然資源へのアクセスも増すことになる。

天然資源の問題は長年、微妙な問題として注目されてきたが、2009年以降国際社会からの非難を浴びないよう、不法な搾取から法的な「共有」に変わる動きがみられる。共有というと聞こえはいいが、結局ルワンダが天然資源地域にアクセスをもち、利益はルワンダに渡りコンゴ人が恩恵を受けることはない。実際にコーヘン元アメリカ国務次官補アフリカ担当（1989―1993年）が2008年の12月にニューヨーク・タイムズ紙に、「東アフリカの市場のためにコンゴ東部を開放するように」と述べた記事を掲載した。さらに2009年1月にフランスのサルコジ大統領が、大湖地域の安定化のためにコンゴの富をルワンダと2カ国間で共有することを提案した。これらに対してコンゴのメディアは、「今までコンゴ内の天然資源が搾取されただけで、われわれは何の恩恵も受けたことがない。いつまで世界の犠牲にならないといけないんだ」と大変激怒した。

コンゴ人が怒るのも当たり前である。コンゴ国内にある天然資源をなぜ周辺国と共有する必要があるのだろうか。他の国では考えられないことだ。またコンゴとルワンダ間にあるキブ湖に埋まっているメタンガスに関しても、両国間で半々に分けることが決議された。コンゴの人口の5%しか電力にアクセスがなく、かつコンゴの方が人口が圧倒的に多いのに、不平等な分け方である。コンゴ国営電力会社のセルフリ総裁は第8章で記したように、北キブ州の前知事でRCDの前副議長でもあったので、ルワンダに有利になるように仕掛けたのだ。その他、コンゴの通関・税関局（OFIDA）、水道公社といった国営会社の社長や政治家の85%はAFDLにいたルワンダ系住民、あるいはルワンダ人である。

2009年8月6日には、J・カビラ大統領とカガメ大統領がゴマで会談した。両国の大統領が第三者なしで会うのは11年ぶりで、外交関係修復に向けて動き出した証拠であるとみられた。両大統領は「新しい時代」を告げ、コンゴ東部での武装勢力根絶に向けた議論や(避)難民の帰還、経済促進について意見を交わした。相互の首都で大使館が2009年内に再開された。

この一連の動きは結局天然資源へのアクセスを通して、ルワンダに経済的、政治的そして軍事的権力を与えることになる。

まだ「舞台劇」のラストシーンには到着していないが、数十年、あるいは数年後にはそれが観られるだろう。この本を通して、コンゴ東部紛争の監督がルワンダ大国をねらうRPF政権、あるいはルワンダとアメリカの両政府の合同作であることがおわかりになっただろう。

註

(1) 2009年8月に、コンゴはIMF(国際通貨基金)との間で、同国の対外債務放棄につながる仮合意を締結した。それは貧困削減・成長ファシリティの支援による3カ年新プログラムであり、中国との間で結んだ大型合意の90億から60億ドルへの引き下げが条件であった。最終的に60億ドルに引き下げられた。

（2）武装解除した外国人兵士、およびその扶養家族の自発的帰環を促進する場所。ＦＤＬＲ、ブルンジやウガンダの武装勢力が主に使用している。

（3）周辺国のランクはケニヤが95位、ウガンダが１１２位、タンザニアが１３１位、ブルンジが１７６位、そしてコンゴが１７９位である。

（4）ルワンダでは１９９４年以降、毎年４月に虐殺の追悼が行われているが、２００８年に「ツチに対する虐殺」とルワンダ政府が初めて民族名を強調した。虐殺の犠牲者にはフツ穏健派も含まれており、またルワンダ政府は近年「（ツチ、フツの区別はなく）国民皆ルワンダ人だ」と国民に呼びかけているにもかかわらずである。

参考文献

大津司郎「黒い鎮魂／ブラック・レクイエム」、http://www.w.gang.co.jp/uf/black_011.html，２００７年。

緒方貞子『紛争と難民：緒方貞子の回想』集英社、２００６年。

国際協力機構編『ＪＩＣＡ事業の有効性と持続性を高めるために：キャパシティ・ディベロップメント・ハンドブック』、２００４年。

国際協力機構&国際協力総合研究所編『ウイルトン・パーク会合「アフリカにおける紛争予防と開発協力」勉強会報告書』、２００８年。

国連安保理決議 1457（S/RES/1457/2003), 24 January 2003, //daccessdds.un.org/doc/UNDOC/GEN/N03/222/55/PDF/N0322255.pdf?OpenElement
国連難民高等弁務官事務所編『世界難民白書２０００：人道行動の50年史』時事通信社、２００１年。

国連難民高等弁務官事務所編「アフリカ大湖地域の危機―悲劇はこうして起こった」『難民 Refugee』、１９９８年第３号（通巻１１０号）。

篠田英朗「人間の安全保障の観点からみたアフリカの平和構築―コンゴ民主共和国の「内線」に焦点をあてて―」『人間の安全保障の射程―アフリカにおける課題』（望月克哉編）、ＩＤＥ-ＪＥＴＲＯ研究双書アジア経済研究所、２００６年。
『世界遺産年報２００７』日経ナショナルジオグラフィック社、２００７年。
武内進一「コンゴ民主共和国の和平プロセス―国際社会の主導性と課題―」『戦争と平和の間―紛争勃発後のアフリカと国際社会―』アジア経済研究所、２００８年。
浜口博之「ニイラゴンゴ火山の噴火と火山災害―高温の溶岩がゴマの街を埋める―」『月刊アフリカ』、Vol.42［８］、２００２年。
浜口博之「地震・火山噴火の国際協力の現場から」『東北大学広報』、№２１４、12、２００２年。
藤永茂『「闇の奥」の奥―コンランド・植民地主義・アフリカの重荷』三交社、２００６年。
毎日新聞「米国国務長官　コンゴ紛争　レイプ被害者と面会『筆舌に尽くし難い絶望』」、２００９年８月13日。
宮本正興＋松田素二編『新書アフリカ史』講談社現代新書、１９９７年。
Africa Action. Africa Policy E-Jounal, June 1996, http://www.africaaction.org/docs97/den9706.htm
Agence France-Presse. “US warns DRCongo rebels to stay out of Goma”, 30 October 2008.
All Africa.com. “Rwanda: What went wrong with Cynthia McKinney-Ibuka Love?,” http://allafrica.com/stories/printable/200803210396.html, accessed on 15 July 2009
Amnesty International. “Democratic Republic of Congo: Arming the East,”（London, 5 July 2005）, http://www.amnesty.org/en/library/info/AFR62/006/2005
Bain, Julie. “Sexwale strikes gold in mining deal in Congo,” *Business News/Company News,* 15 January, 2004.

BBC. "Africa: UN assassination plot denied" August 19, 1998, http:news.bbc.co.uk/2/hi/africa/154384.stm

Bond, Patrick. *"The George Bush of Africa: Pretoria chooses Subimperalism",* Foreign Policy in Focus, July 13, 2004, www.fpif.org

Braeckman, Colette. "La Campaigne Victorieuse de l'AFDL," Braeckman et al, *Kabila Prend le Pouvoir,* Brussels, GRIP, 1998.

Braeckman, Colette. "République démocratique du Congo Le fils du président défunt est jeune, sans expérience et quasiment inconnu Joseph Kabila, ou le poids de l'héritage", *Le Soir,* 19 janvier 2001.

Braeckman, Colette. "The looting of the Congo" *New Internationalist,* May 2004.

Brummer, Stefaans. "South Africa's War Vultures," *Mail & Guardian,* 16 January 2005.

Cohen, Herman. "A task for President Obama: Can Africa trade its way to peace?," *New York Times,* 17 December 2008.

Collier, Paul. *War, Guns and Votes: Democracy in Dangerous Places,* HarperCollins, New York, 2009.

Duke, Lynne. "U.S Faces Surprises, Dilemma in Africa," *Washington Post,* July 14 1998, http://www.washingtonpost.com/wp-srv/national/longterm/overseas/overseas3a.htm

Fleischman, Janet. "Time for a new Africa policy," T*he Washington Times,* March 2, 1998.

Global Witness. "Faced with a gun, What can you do?: War and the Militarisation of Mining in Eastern Congo," July 2009.

Hawkins, Virgil. *Stealth Conflicts: How the World's Worst Violence is Ignored,* Ashgate, Hampshire, 2008.

Hochschild, Adam. *King Leopold's Ghost: A Story of Greed, Terror, and Heroism in Colonial Africa,* Mariner Books, 1999.

Hugo, Jean-François. *La République démocratique du Congo : Une guerre inconnue,* Paris, éditions Michalon, 2006.

Human Rights Watch (HRW). "Curse of Gold: Democratic Republic of Congo," June 1, 2005, http://www.hrw.org/en/node/10625/section/6

HRW. "Renewed Crisis in North Kivu," October 22, 2007, http://www.hrw.org/sites/default/files/reports/drc0505_0.pdf

HRW. "New Era for Congo?," October 18, 2008, http://www.hrw.org/en/news/2006/10/18/new-era-congo

HRW.「Q&A：コンゴ民主共和国―ヒラリー・クリントン訪問に向けて」, August 10, 2009, http://www.hrw.org/en/news/2009/08/10-0

Industrial Technology Research Institute. Background Information Sheet: Casseterite Production and Trade in the Democratic Republic of Congo, October 15, 2008.

International Crisis Group (ICG). "Storm Clouds Over Sun City: The Urgent Need to Recast the Congolese Peace Process," Africa Report, No.44, 14 May 2002.

ICG. "Rwandan Hutu Rebels in the Congo: A New Approach to Disarmament and Reintegration," Africa Report No.63, 23 May 2003.

ICG. "Congo: Five priorities for a peacebuilding strategy," May 11, 2009.

International Preedon of Expressin Exchange. "Two 'Uwoja' journalists detained for one week," 26 April 2000. http:www.ifex.org/democratic_republic_of_congo/2000/05/01/two_uwoja_journalists_detained/

Karuhanga, James. "'We learn from te RDF'-US Africom Chief," New Times, April 23, 2009.

Kintu, Remigius "Tutsi Invasion of Congo," September 1998, http://www.inshuti.org/kintu2.htm

Longman,Timothy. "The Complex Reasons for Rwanda's Engagement in Congo," John Clark (ed.), *The African Stakes of the Congo War.,* (New York, Palgrave Macmillan, 2002)

Los Angeles Times. "Rapists In Uniform," 13 August, 2009.

Lubabu, Tshitenge M.K. "Exit Laurent Nkunda," *Jeune Afrique,* 25-31 January, 2009.

Lubabu, Tshitenge M.K. "John Numbi, le bras arme de Kabila," *Jeune Afrique,* No. 2513, 8-14 March, 2009.

Mail & Guardian. "Business at war for Zaire's wealth," April 25-May 1, 1997.

Mamdani, Mahmood. When Victims Become Killers: Colonism, *Nativism and Genocide in Rwanda,* Oxford, James Currey, 2001.

Martin, Guy. "Review Essays: Conflict in the Congo: Historical and Regional Perspectives," *African Studies Review,* Vol.48, No.1, April 2005.

Mbeki, Thabo. *Africa: The Time has Come,* Johannesburg, Mafube, 1998.

Melvern, Linda. *Conspiracy to Murder: The Rwandan Genocide,* New York, Verso, 2004.

Le Monde Diplomatique (English version). "Washington sets out to conquer 'virgin territory,' " March 1998, http://mondediplo.com/1998/03/12africa

MONUC. "DRCongo and Uganda call for MONUC's assistance for further operations," March 17, 2009.

Mugabe, Jean-Pierre. "Declaration on the shooting down of the aircraft carrying Rwandan President Juvenal Habyalimana and Burundi President Cyprien Ntaryamira on April 6, 1994," International Strategic Studies Association, 21 April 2000.

Muggah, Robert (ed.). *No Refuge: The Crisis of Refugee Militarization in Africa,* Zed Books, 2006.

Musoni, Edwin. "Rwanda marks fifth commemoration of Gatumba massacres," *New Times,* August 14, 2009.

Onana, Charles. *Ces Tueurs Tutsi: Au cœur de la tragédie congolaise,* Editions Duboiris, 2009.

Organisation for Economic Cooperation and Development, "OECD Guidelines for Multinational Enterprises," Paris, 2000.

Paterno, Steve. "The Uganda LRA allowed to plunder," *Sudan Tribune,* February 13 2009.

Pisik, Betsy. "Obstacles steep to lasting peace in Congo," *Washington Times* September 8, 2009.

Pisik, Betsy. "Congo's shame: Rape used as tool of war," *Washington Times,* September 8, 2009.

Pisik, Betsy. "Congo: An African country that's broken," *Washington Times,* September 8, 2009.

Prunier, Gerald. *Africa's World War: Congo, The Rwandan Genocide and the Making of a Continental Catastrophe,* Oxford, Oxford University Press, 2009.

Radio Okapi. "Joseph Kabila a la press: L'operaton cojointe Armee rwandais n'ira pas au dela de fevrier," Febraury 1 2009, and "Kinshasa: Human Rights Watch demande a Joseph Kabila de livrer Bosco Ntaganda a la CPI," 3 February 2009.

Renton, David, David Seddon, and Leo Zeiling. *The Congo: Plunder & Resistance,* London, Zed Books, 2007.

Reyntjens, Filip. "Situation Géostratégique en Afrique Central: La Nouvelle Donne," Colette Braeckman et al, *Kabila Prend le Pouvoir,* Brussels, GRIP, 1998.

San Francisco Bayview (National Black NewsPaper), "Congresswoman Cynthia McKinney: End the conflict in the Congo," November 11, 2008, http://www.sfbayview.com/2008/congresswoman-cynthia-mckinney-end-the-conflict-in-the-congo-2/

Snow, Keith Herman. *World War 3 Report,* "Proxy Wars in Central Africa," July 18, 2004, http://ww4report.com/static/proxy.html

Soudan, Francois. "Paul Kagame: Nkunda, Kabila la France et lui," *Jeune Afrique,* 15-21 March, 2009.

South African Government Information. "Statement on Visit to Zaire," 18 May 1997, www.info.gov.za/speeches/1997/05190x50197.htm

Stedman, Stephen. "Conflict and Conciliation in Sub-Saharan Africa," Michael Brown (ed.), *The International Dimensions of Internal Conflict,* Cambridge, MIT Press, 1996.

Stedman, Stephen. "Spoiler Problems in Peace Processes," *International Security,* Vol.22, No.2. (Fall 1997)

Stedman, Stephen J. and Fred Tanner (eds.). *Refugee Manipulation: War Politics, and the Abuse of Human Suffering,* Brookings Institution Press, Washington DC, 2003.

TIME. "100 the World's Most Influential People," May 11, 2009.

Turner, Thomas. *The Congo Wars: Conflict,* Myth and Reality, Zed Books, 2007.

Umutesi, Marie Béatrice. *Surviving the Slaughter: the Ordeal of a Rwandan Refugee in Zaire.* University of Wisconsin Press, 2004.

United Nations Environment Programme. *From Conflict to Peacebuilding: The Role of Natural Resources and the Environment,* 2009.

United Nations Report. *An Agenda for Peace,* 1992 www.un.org/Docs/SG/agpeace.html

United Nations Security Council. Report of the Panel of Experts on the Illegal Exploitation of Natural Re sources and Other Forms of Wealth in the Democratic Republic of the Congo, 12 April 2001.

United Nations Security Council. Final Report of the Panel of Experts on the Illegal Exploitation of Natural Re sources and Other Forms of Wealth in the Democratic Republic of the Congo, 16 October 2002. (S/2002/1146)

United Nations Security Council. Report of the Panel of Experts on the Illegal Exploitation of Natural Resources and Other Forms of Wealth in the DRC, Supplementary report, 23 October 2003. (S/2003/1027)

Voice of America. "Former Congolese Rebels Desert DRC Army", September 12 2009.

《著者紹介》

米川正子（よねかわ・まさこ）

神戸市生まれ。
南アフリカ・ケープタウン大学大学院で修士号取得（国際関係）。国連ボランティアでカンボジア，リベリア，南アフリカ，ソマリア，タンザニアとルワンダで活動後，国連難民高等弁務官事務所（UNHCR）職員として，ルワンダ，ケニア，コンゴ民主共和国，ジュネーブ本部で勤務。国際協力機構（JICA）で客員専門員（アフリカの平和構築），2009年末から宇都宮大学で特任准教授。

（検印省略）

2010年5月20日　初版発行
2012年3月20日　二刷発行　　略称－コンゴ紛争

世界最悪の紛争「コンゴ」
－平和以外に何でもある国－

著　者　米 川 正 子
発行者　塚 田 尚 寛

発行所　東京都文京区春日2－13－1　株式会社　創 成 社
電　話 03（3868）3867　FAX 03（5802）6802
出版部 03（3868）3857　FAX 03（5802）6801
http://www.books-sosei.com 振 替 00150-9-191261

定価はカバーに表示してあります。

ISBN978-4-7944-5042-5 C0236
Printed in Japan

組版：トミ・アート　印刷：平河工業社
製本：宮製本所
落丁・乱丁本はお取り替えいたします。

創成社新書・国際協力シリーズ刊行にあたって

グローバリゼーションが急速に進む中で、日本をはじめとする多くの先進国において、市民が国内情勢の変化に伴って内向きの思考・行動に傾く状況が起こっている。地球規模の環境問題や貧困とテロの問題などグローバルな課題を一つ一つ解決しなければ私たち人類の未来がないことはわかっていながら、一人ひとりの私たちにとってなにをすればいいか考えることは容易ではない。情報化社会とは言われているが、わが国では、世界で、とくに開発途上国で実際に何が起こっているのか、どのような取り組みがなされているのかについて知る機会も情報も少ないままである。

私たち「国際協力シリーズ」の筆者たちはこのような背景を共有の理解とし、このシリーズを企画した。すでに多くの類書がある中で、私たちのシリーズは、著者たちが国際協力の実務と研究の両方を経験しており、現場の生の様子をお伝えするとともに、それらの事象を客観的に説明することにも心がけていることに特色がある。シリーズに収められた一冊一冊は国際協力の多様な側面を、その地域別特色、協力の手法、課題などからひとつをとりあげて話題を提供している。また、国際協力を、決して、私たちから遠い国に住む人々のためだけの利他的活動だとは理解せずに、国際協力が著者自身を含めた日本の市民にとって大きな意味を持つことを、個人史の紹介を含めて執筆者たちと読者との共有を目指している。

本書を手にとって下さったかたがたが、本シリーズとの出会いをきっかけに、国内外における国際協力や地域における生活の質の向上につながる活動に参加したり、さらに専門的な学びに導かれたりすれば筆者たちにとって望外の喜びである。

国際協力シリーズ執筆者を代表して
西川芳昭